일본기업 재발견

일본기업 재발견

최인한 지음

중앙경제평론사

시작하는 글

일본 몰락은 잘못된 신화

3·11 동일본대지진 1주년을 맞아 '일본'이 다시 지구촌에서 화제가 되고 있다.

1년이 지나도록 처참한 지진 피해현장이 그대로 방치되고, 피해복구가 지연되면서 일본정부의 대응능력을 비판하는 목소리가 크다. 또 한편에선 2만 명 이상의 사망, 실종자를 내고도 차분하게 대응하고, 사회 안정을 유지하고 있는 일본사회를 높이 평가는 외국인들도 많다.

'일본경제'에 대해서도 마찬가지다. 우리나라에선 2000년 이후 한국 대기업들이 글로벌 경쟁력을 높여 일부 업종에서 일본기업과 대등해지면서 일본기업과 일본경제를 얕보는 경향도 생겨나고 있다. 일본에 대해 더 이상 배울 게 없다는 주장이다.

그렇다면 "일본경제는 몰락하고 있는가?" "일본기업은 국제 경쟁력을 잃었는가?" 필자의 대답은 '아니다, No'이다.

1990년대 이후 일본경제의 고도 성장세가 꺾인 뒤 '잃어버린 10년' '잃어버린 20년' 등의 분석도 많다. 일반인은 물론 상당수 일본전문가들 사이에도 일본경제의 쇠퇴를 일반화하는 주장이 늘고 있다.

일본 내에서도 '자국경제'의 침체를 기정사실화하는 매스컴 보도가 줄을 잇고 있다. 하지만 20여 년간 일본을 지켜본 필자의 관점으론 일본인들의 주장을 그대로 받아들이기 곤란한 점이 많다. 항상 자신을 낮추고, 최악의 미래 상황을 염두에 두고 철저히 대비하려는 일본인들의 '기질'에서 출발하고 있기 때문이다. 그들의 겸손한 자국 평가를 우리가 액면 그대로 받아들여선 안 된다. 일본을 두려워할 필요는 없지만, 실체 이하로 과소평가해서도 안 된다. 여러 면에서 일본과 격차가 있는 한국의 섣부른 '일본 저평가'는 '득' 보다 '실'이 많다.

 일본경제는 아직 견고하다. 1인당 GDP(2010년 기준)는 4만 1,000달러 정도로 우리나라의 2배를 넘는다. 영국 HSBC은행은 국가별 경제규모에서 현재 3위인 일본이 오는 2050년에도 미국, 중국, 인도에 이어 세계 4위 자리를 지킬 것으로 전망했다.(2012년 초)

 한 나라의 종합적인 경제력을 나타내는 지표인 '통화가치'에서도 엔화는 사상 최고 수준을 유지하고 있다. 2012년 들어 엔화는 달러당 80엔 선을 맴돌고 있다. 원화에 대해서도 1,400엔 선에 거래된다. 필자가 일본에서 근무하던 2000년대 중반 100엔 당 750원과 비교하면 엔화는 강세를 지속하고 있다.

대지진 발생 1년 만인 새해 들어, 일본기업과 일본경제가 다시 경쟁력을 찾아가고 있다. 지난해 상반기 대지진 직후 공장 가동률이 한때 50% 아래로 떨어졌던 도요타자동차는 2012년 1월 국내외 판매가 두 자릿수 이상 늘어났다.

도요타는 미국 소비자 전문지인 〈컨슈머리포트〉가 4월호에 발표한 '2012년 차급별 최고 모델' 평가에서 총 10개 부문 중 5개를 석권했다. 패밀리 세단, 친환경차, 패밀리 승합차, 소형 SUV, 패밀리 SUV 차급에서 도요타는 최고 평가를 받았다. 미국에서 판매되는 단일 브랜드 가운데 최다 기록이며, 10년 만에 가장 좋은 평가다.

한때 파산위기에 몰렸던 JAL일본항공은 2011년 하반기부터 정상을 되찾았고, 2011회계연도에 경이적인 순익을 냈다. 반도체, 전기전자 등 일부 업종에서 한국 대만 등의 경쟁사에 밀리고 있지만, 제조업 강국인 일본의 업종 전체가 약해진 것은 아니다. 세계 최강의 부품, 소재업 등 제조업이

떠받치는 일본경제는 아직 건재하다.

　글로벌 증시침체 속에 일본증시는 선전 중이다. '바이재팬'으로 투자자들의 관심이 높아지면서 주가가 치솟고 있다. 2011년 말 8455로 마감했던 닛케이 평균주가는 2월 말까지 14.9% 올랐다.

　일본경제의 강점만을 부각시키려는 의도는 없다. 다만 한국에 비해 앞서가고 있는 부문이 많은 만큼 일본과 대등해질 때까지 우리나라의 부족한 것을 배우는 자세가 필요하다는 입장일 뿐이다.

　해외에서도 대지진 1주년을 계기로 일본경제를 다시 평가하려는 움직임이 나타났다.

　칼럼니스트이자 아시아지역 전문가인 이먼 핑글턴은 2월 말 〈뉴욕타임스〉에 '일본의 실패는 신화'라는 제목의 글을 실었다. 요지는 '잃어버린 10년' 또는 '잃어버린 20년'이라는 용어 자체가 근거 없는 신화에 불과하다는 것이다. 같은 기간 미국 등 주요 선진국도 별다른 성장세를 보이지 못했고, 거품붕괴 이후 비난의 화살이 집중됐던 일본정부의 대응전략도 재평가돼야 한다는 주장이다.

핑글턴은 일본의 과거 20년을 선명하게 드러내기 위해 미국과 비교하는 방법을 썼다. 결론은 적지 않은 부분에서 오히려 일본이 미국보다 양호했다는 것이다. 일본의 과거는 실패가 아닌 성공의 스토리로 읽혀야 한다는 지적이다.

대표적인 예로 경상수지를 꼽았다. 일본은 2010년에 1,960억 달러의 경상수지 흑자를 기록했다. 20년 전인 1989년에 비해 3배가량 불어났다. 외환보유액도 꾸준히 증가했다. 2011년 말 기준 1조 2,958억 달러로 중국에 이어 세계 2위다. 반면 미국은 같은 기간 경상수지 적자가 990억 달러에서 4,710억 달러로 4배 이상 확대됐다. 실업률도 일본은 4%대 초반으로 미국의 절반 수준이다.

필자는 한국경제신문사에 입사한 뒤 국제부 근무를 계기로 20여 년간 일본과 일본경제에 대해 관심을 가져왔다. 이 책에서 '잃어버린 20년'으로 지적받고 있는 장기침체에도 불구하고 경쟁력을 유지하는 일본기업과 일본경제의 비결을 찾아봤다.

또 국경이 무너진 글로벌 자본주의시대를 맞아 세계에서 지리적으로 가장 가까운 한일 두 나라가 윈윈$^{win-win}$할 수 있는 방안을 모색해봤다. 양국 간 정치, 역사적 이슈에 부딪쳐 진전을 보지 못하고 있는 한일 FTA의 미래에 대해서도 정리해봤다.

대지진 이후 일본의 경제실상을 정확히 파악하는 데 이 책이 조금이나마 도움이 되었으면 한다. 다소 껄끄러운 부분이 있더라도 20여 년간 일본에 관심을 가져온 현장기자의 기록이란 점을 고려하여 독자들께서 널리 이해하며 읽어 주길 부탁드린다. 나아가 여러분들의 사랑어린 질책과 충고를 기다린다.

끝으로 필자를 오늘날까지 성장할 수 있도록 길러주신 최봉조, 천금자 부모님께 감사의 말씀을 드린다. 아내 박미선에게도 고맙다는 말을 전하고 싶다. 졸고를 정리해 빛을 보게 해준 중앙경제평론사의 김용주 대표와 정두철 과장께도 감사의 마음을 전한다.

최인한

CONTENTS

시작하는 글 일본 몰락은 잘못된 신화 · 4

제1부_ 일본기업의 대반격이 시작됐다

1장   동일본대지진 1년, 공세에 나선 일본기업들

일본을 보는 '두 개의 눈' · 16
일본기업들의 과감한 변신 · 23

2장   일본의 자존심, 도요타자동차의 부활

도요타 사람들을 보면 도요타가 보인다 · 26
2012년 도요타자동차의 도전 · 30
도요타 경쟁력의 비결 · 34
도요타, 어떤 회사이길래 · 38
도요타자동차의 미래 · 42
현대자동차에 주는 시사점 · 44

3장 일본 경영의 신, 교세라 그룹
　　　이나모리 회장의 잠언

　　　일본식 경영의 보루, 이나모리 가즈오 · **46**
　　　위기에 강한 이나모리의 일본식 경영 · **48**
　　　위기의 한국경제에 해법 던진 이나모리 · **50**
　　　이나모리 가즈오의 잠언집 · **53**

4장 **전자왕국 소니, 회생할 수 있을까**

　　　일본의 자랑, 소니의 침몰 · **64**
　　　소니의 추락, 누구의 책임인가 · **67**
　　　소니의 회생, 젊은 사장에 달렸다 · **70**

5장 **일본을 알면 일본기업이 보인다**

　　　일본인의 DNA · **73**
　　　한국인과 일본인의 차이 · **76**
　　　성공 기업인, 유니크로 회장의 고언 · **85**

제2부_ 한일 대역전의 시대가 왔다

6장 일본기업이 강한 이유

기초체력이 강한 일본기업 · **92**
전통을 살려가는 일본인 · **93**
전통 '니혼슈'의 부활 전략 · **95**
100년을 살아남는 기업의 비결 · **97**

7장 세계 3위 일본경제의 버팀목

일본경제의 저력 · **100**
일본은 살아 있다 · **102**
일본제조업, 왜 강할까 · **105**
중소기업이 강한 일본 · **108**
지방명문대학이 기술력의 원천 · **108**
재도약하는 '모노즈쿠리' · **110**

8장   일본에서 배워야 할 것들

> 인내하는 일본인 · **114**
> 참을성이 강한 일본의 보통 사람들 · **117**
> 일본의 미래는 농촌에 있다 · **119**

9장   한일 경제, 대역전의 시대가 왔다

> 일본경제의 지형도 달라진다 · **123**
> 정치도 세대교체 바람 · **126**
> 한국경제, 일본 추격의 기회를 잡다 · **129**

10장   한일 경제공동체 가능할까

> 한국과 일본, 어디로 가야하나 · **132**
> 대지진 이후 일본의 변화 · **133**
> 한일 상생에 필요한 FTA · **136**

맺는 글   오늘의 일본, 내일의 한국 · **138**

제 1부

일본기업의
대반격이
시작됐다

1장
동일본대지진 1년, 공세에 나선 일본기업들

일본을 보는 '두 개의 눈'

2000년대 이후 일본에서 고조된 '한류열기' 덕분에 최근 '한국'을 좋아하는 일본인들이 늘고 있다. 양국 간 문화 및 경제교류가 늘어나면서 우리나라에서도 '일본팬' 들이 증가하고 있다. 서로를 이해하려는 국민들이 늘고 있는 것은 반가운 일이다.

우리나라와 지리적으로 가장 가까운 외국은 일본이다. 하지만 일본만큼 한국인들로부터 극과 극의 평가를 받는 나라도 드물다. 자신의 가치관이나 처해진 입장에 따라 '일본'을 보는 시각이 극명하게 갈린다. 일본기업에 대해서도 마찬가지다.

2011년 3월 11일 발생한 동일본대지진 이후 일본과 일본인들을 평가하는 시각도 크게 다르다. 잇따른 여진과 원전방사능 누출사고에도 차분한 일본인을 훌륭하게 보는 사람도 많다. 반면 정부의 태만한 지원 시스템에 화를 내지도 않는 일본인을 이상한 눈초리로 보는 사람도 많다. 과

연 어느 쪽이 진짜 '일본'일까.

일본에서 현장취재를 하고 있는 한국특파원들도 서로 다른 평가를 내놓는다. 필자와 같은 시기에 도쿄특파원으로 근무했던 기자들의 글을 한번 비교해 보자. 오랜 일본 경험을 통해 언론계에서 인정받고 있는 두 '일본통' 기자의 시각이 흥미롭다. 필자의 견해는 뒤에 소개한다.

> 며칠째 기분이 영 개운치 않다. 3주 전 모처럼 가족이 외출해 먹은 쇠고기가 주범이다. 당시만 해도 방사성 물질에 오염된, 이른바 '세슘 쇠고기' 문제는 전혀 거론되지 않았을 때다. 하지만 일종의 직업병이 작동했다. 음식점에 들어가면서 가족들 몰래 종업원에게 물었다.
> "여기 쇠고기 어디 산이에요." "네, 니가타新潟산입니다." 그 말에 안심했다. 사고가 난 후쿠시마福島 제1원전에서 200㎞가량 떨어진 곳이기 때문이다. "애들아, 많이 먹어라." 그날 가족 모두 배부르게 니가타산 쇠고기를 먹었다.
> 그로부터 며칠 뒤 후쿠시마산 쇠고기에서 세슘이 검출됐다는 뉴스가 나왔다. 별로 놀라진 않았다. 후쿠시마현만의 일이거니 했다. 그러나 그 다음이 충격이었다. 후쿠시마 인근 미야기宮城현, 야마가타山形현으로 번지더니 드디어는 니가타현 이름이 등장하는 게 아닌가.
> "니가타현 소 일부가 세슘에 오염된 후쿠시마산 볏짚을 사료로 먹었고, 도쿄 등 10개 광역 지자체에 유통됐다"고 한다. '후쿠시마 쇠고기'

는 피해 갔지만 '후쿠시마 볏짚'에 당할 줄은 미처 상상도 못했다. 가족들에겐 말도 못했다.

그러나 후쿠시마 볏짚보다 분통이 터졌던 건 일본정부의 대응이었다. 일 정부는 세슘 오염 최대 허용치를 쇠고기 kg당 500베크렐로 정했다. 독일 등 유럽 국가(성인 8베크렐, 어린이 4베크렐)에 비해 무려 62~125배나 높다. 아무리 생각해도 비정상적이다. 게다가 이번 '세슘 쇠고기'에선 최고 4,350베크렐의 세슘이 검출됐다.

무릎 꿇고 국민 앞에 사죄해도 시원치 않을 일이다. 그런데 일 정부는 고자세다. "장기간 계속 세슘 쇠고기를 먹지 않는다면 건강에 영향이 없다"는 말만 반복한다. 원전주변 볏짚 하나 제대로 관리하지 못하고서 말이다. 참으로 이상한 나라다.

근데 더 이상한 게 있다. 바로 일본국민이다. 음식점·슈퍼마켓·급식을 통해 자신과 자신의 자녀 입에 세슘 쇠고기가 들어갔는데도 도대체 화를 내지 않는다. 전국 언론사 사이트를 죄다 검색해 봤지만 축산농가나 소비자들의 데모가 있었다는 기사는 단 한 건도 없었다. 이쯤 되면 비정상이라기보다 비상식적이다.

돌이켜보면 재해지역 쓰레기더미를 치우겠다고 예산을 잔뜩 잡아놓고도 5개월이 다 되도록 실제 예산집행이 7%에 불과한 것, 모금된 성금이 이재민에게 20%도 채 전달이 되지 않고 있는 것도 원인은 같다.

국민이 "이건 잘못됐다"고 화를 내지 않으니 정부가 태만하고 멋대로 은폐하는 것이다. 그래도 꾹 참고 정부 하라는 대로 절전 열심히 하며 땀 흘리는 일본인들을 옆에서 보고 있노라면 안타깝다. 일 정부가 대한항공 이용금지와 같은 몰상식한 일을 하는 것도 따지고 보면 견제장치가 작동이 안 되고 있기 때문이다. 국민 무서운 줄 모르는 것이다.

실체가 분명한 세슘 쇠고기를 먹고도 쥐 죽은 듯 조용한 일본국민이 더 큰 문제다. "일본인 여러분, 화 좀 내세요."

〈중앙일보〉 김현기 도쿄특파원(2011년 7월 26일)

계속하여 다음 글을 살펴보자.

지난 18일부터 사흘 동안 일본 후쿠시마를 취재했다. 3·11 일본대지진 당시 피해 현장에서 취재하다가 원전이 연쇄폭발하면서 피해 나온 이후 4개월 만이었다. 그때 도쿄로 가는 국도가 한산해 놀란 기억이 있다.

도시의 방사선량이 정상을 훨씬 넘은 상황인데도 밖으로 나가는 도로는 정체되지 않았다. 석유가 부족했기 때문은 아니었다. 3~4시간 기다리면 피난에 필요한 석유를 구할 수 있었다. 기자 역시 그렇게 석유를 구해 후쿠시마를 떠났다.

당시 이런 생각을 했다. "일본인은 정확한 정보를 모르기 때문에 그래. 정부에 속았다는 것을 알게 되면 이 길은 곧 피난차들로 마비되겠지." 외국에선 후쿠시마 원전사고를 체르노빌 수준이라고 평가할 때였다. 일본정부는 "안전하다"는 말만 반복했다.

귀국 직후 일본 이야기를 들려달라는 사람들이 있었다. 그들에게 "지진과 쓰나미 피해는 복구할 수 있지만, 원전 위기는 큰 혼란을 일으킬지 모른다"고 말했다. 기자가 떠나올 때 원전에서 50km 정도 떨어진 후쿠시마시의 대기 중 방사선량은 시간당 18μSv마이크로시버트였다. 사흘이면 평상시 기준 1년 허용량을 넘었다. 이런 상황을 인내할 수 있을까? 도쿄로 밀려드는 피난민들의 소요까지 상상했다.

하지만 이런 예측은 틀렸다. 그런 소동은 일어나지 않았다. 일본정부가 잘했기 때문일까? 오염수 방류와 오염 쇠고기 파문에서 알 수 있듯이 그것도 아니다. '한국에서 같은 일이 벌어졌다면?' 버릇처럼 이런 생각을 했다. 그러면서 서울에서 일어난 광우병 파동을 연상했다. 보이지 않는 공포란 점에서 비슷한 듯했다.

19일 후쿠시마시에서 출발해 출입이 금지된 원전 반경 20km 선상의 바리케이드까지 접근했다. 통제하는 경찰 2명은 방호복을 입은 듯했다. 가까이에서 보니 비옷이었다. "방사선량이 높지 않으냐?"고 묻자 측정기를 보여줬다. 후쿠시마시와 비슷한 1μSv였다. "거리보다 기류가 문제예요." 그들은 기자를 세워놓고 바리케이드를 배경으로 사진도 찍어줬다. 후쿠시마의 기업인과 공무원, 기자와 주민 등 16명과 이야기를 나눴다. 이들 중 일본정부의 관리능력을 신뢰하는 사람은 없었다.

하지만 모두 정부가 제시한 비상시 방사선량 허용기준을 자신의 생활

기준으로 받아들이고 있었다. 어떤 사람은 평상시 허용기준의 10배로 알고 있었고, 어떤 사람은 20배로 알고 있었다. 물론 두려움이 없는 것은 아니었다. 이들 중 2명은 가족을 수도권의 친척 집에 피난 보냈다고 했다. 모두 어린이에 대해, 미래에 대해 걱정하고 있었지만 현실에 적응하려고 애썼다.

문제를 해결하는 방식은 국가마다 다르다. 후쿠시마의 대처방식도 마찬가지다. 그들이 크게 소리를 치지 않아 해결이 늦어진다는 견해가 있고, 반대로 그들의 조용한 적응 때문에 국가가 더 큰 위기에 몰리지 않는다는 견해도 있다.

후쿠시마는 "국가는 누가 지탱하는가"라는 원론적인 질문을 제기한다. 이는 "원전과 리더십 위기에도 불구하고, 누가 일본이란 국가 브랜드를 유지하고 있는가"란 질문과 비슷하다. 개인적인 경험에서 보자면 그것은 국민인 듯했다. 그들의 방식이 옳든 그르든, 일본이란 국가의 지속성과 가능성은 결국 그런 국민에게 나오는 듯했다.

〈조선일보〉 선우정 산업부 차장(2011년 7월 27일)

두 기자의 글은 일본을 매우 통찰력 있게 분석한 훌륭한 글이라는 생각이다. 동료 기자들의 고견에 박수를 보낸다. 하지만 굳이 둘 중에 한 쪽의 견해를 택하라면 기자는 후자 쪽이다. 각국은 그 나라의 고유한 자연환경과 성장역사가 있기 때문이다. 한국인의 시각으로 '일본'과 '일본인'을 보면 겉만 보고 속을 보기 어려울 수 있다.

진짜 일본인들이 무서운 것은 그런 척박한 자연환경 속에 체념하고 사는 것이 아닐까. 아무리 발버둥쳐도 '자연의 위대한 힘'을 '인간'이 완전히 극복하기 어렵기 때문이다.

일본기업도 마찬가지다. 동일본대지진 이후 일본의 주요기업들의 실적이 곤두박질쳤다. 부품조달이 끊기면서 도요타자동차 같은 기업들도 한때 가동률이 50% 밑으로 떨어졌다. 그렇지만 직원들을 대량 해고했다는 얘기를 들어보지 못했다. 2012년 들어 일본기업들의 실적은 급속히 회복되고 있다. 중소기업이든 대기업이든 일본기업들의 기초체력이 튼튼하다는 방증이다.

사상 최고 수준의 엔화 강세에도 굳건히 버티는 일본기업들은 분명히 경쟁력을 갖고 있다. 일본인들과 마찬가지로 일본기업에 대해서도 약점만 찾으면 약해보일 수 있다. 여전히 세계 최고의 제조업 경쟁력을 가진 일본기업들로부터 배울 게 많다.

일본기업들의 과감한 변신

새해 들어 일본기업들이 생존을 위해 발 빠르게 움직이고 있다. 안정경영을 우선해온 대기업들도 글로벌 경쟁에서 살아남기 위해 변신하고 있다. 한국기업의 주특기인 과감한 '구조조정'에 나서고 있다. 사양사업을 버리고 핵심사업에 주력하는 기업들도 늘고 있다.

일본 전자업계의 대표주자인 파나소닉은 2월 말 도쿄지사 빌딩을 매각하기로 했다고 밝혔다. 매각대상은 도쿄 미나토구에 있는 '도쿄 파나소닉 빌딩'이다. 부실을 털기 위해 사옥까지 처분하고 나선 것이다. 파나소닉은 2011회계연도에 사상 최대인 7,800억 엔의 적자를 냈다.

파나소닉은 주력인 TV 등 가전제품 판매가 부진한데다 산요전기 인수의 영향으로 적자 폭이 커진 것으로 알려졌다. 오사카에 있는 산요전기의 본사 빌딩도 수년 안에 매각하는 방안을 검토하고 있다. 마쓰시타전기의 후신인 파나소닉은 일본에서 '경영의 신'으로 추앙받는 마쓰시타 고노스케松下幸之助, 1894~1989가 창업했다.

반도체업체인 엘피다는 2012년 2월 말 파산보호를 신청, 일본 전자업계를 충격으로 몰아넣었다. 한국기업에 밀린 반도체 업종의 경우 구조조정이 가속화되고 있다. 일본을 대표하는 전자업체인 도시바가 유력 인수업체 후보로 떠올랐다. 전자업계에도 구조조정 바람이 거세지고 있다.

엔고를 활용해 한국시장에 적극 진출하는 제조업체들도 눈에 띄고 있다. 특히 반도체장비 업체들이 한국으로 몰려오고 있다. 엘피다가 법정관리를 신청하는 등 일본 반도체 기업들이 무너진 반면, 삼성전자 하이닉스반도체 등은 공격적 투자에 나서면서 올해 한국 장비시장이 세계 최대 규모로 커진 데 따른 것이다.

일본 기가포톤은 2012년 4월 1일 한국법인을 경기도 용인에 설립한다. 반도체 노광공정용 엑시머레이저 등의 장비를 만드는 기가포톤은 미국 싸이머와 세계시장을 양분하고 있다. 세계 최대 메모리칩 테스트 업체인 일본 어드벤테스트는 메모리반도체 및 시스템온칩^{SoC} 테스트핸들러 사업부 전체를 2012년 10월까지 한국 자회사인 어드벤테스트코리아로 이전한다. 400억 원을 투자해 천안에 공장을 짓고 있다.

도쿄엘렉트론의 한국 현지법인인 도쿄엘렉트론코리아^{TEK}도 2012년 4월 경기도 화성 지역에 '프로세서 기술센터'를 완공한다. 히타치국제전기는 2010년 10월 국제엘렉트릭 지분 51%를 취득해 최대주주가 됐다. 반도체용 저압화학기상증착^{LPCVD}, 종형확산로$^{diffusion\ furnace}$, 원자층증착 ALD 장비 등을 만드는 국제일렉트릭은 2011년 10월 공장을 완공했다.

반도체 업계 관계자는 "일본 반도체업체들의 부진이 영향을 주고 있는 데다 지난해 일본 대지진이 터지면서 한국으로 생산기지를 이전하는 움직임이 구체화되고 있다"고 설명했다. 동일본대지진을 계기로 제조업 부문에서 한일간 협력이 급속히 확대되는 양상이다.

동일본대지진 충격을 가장 많이 받았던 자동차업체들은 신차발표와 내수시장 회복에 힘입어 새해 들어 실적이 급속도로 개선됐다. 도요타 닛산 등 주요 8대 자동차업체들의 2012년 1월 일본 내 생산량은 전년 동기 대비 18.8% 늘어난 79만 8,968대를 기록했다. 이로써 일본차 메이커들의 생산대수는 4개월 연속 전년 실적을 웃돌았다.

이들 8개사의 국내 판매량도 같은 기간 중 전년 동기보다 36.3% 증가한 39만 4,571대에 달했다. 일본 최대 자동차업체인 도요타자동차의 실적 개선이 특히 두드러졌다. 도요타는 1월에 전년 동기 대비 26.3% 늘어난 29만 5,630대를 국내에서 생산해 6개월째 증가했다.

〈니혼게이자이신문〉은 "자동차업체들이 지난해 3월 발생한 동일본대지진과 태국 홍수피해에서 벗어나 생산이 정상화됐고, 정부의 에코차 보조금 부활 및 신차 투입 등에 힘입어 빠른 속도로 실적이 개선되고 있다"고 전했다.

일본제조업의 대표격인 자동차업체들이 대지진 후유증에서 완전히 벗어나 세계시장 공략에 나서고 있다. 일본차 메이커들과 경쟁관계에 있는 현대차 등 한국 업체들도 신발끈을 다시 조여야 할 때다.

2장
일본의 자존심, 도요타자동차의 부활

도요타 사람들을 보면 도요타가 보인다

한 기업을 이해하는 가장 좋은 방법은 그 회사 사람들을 깊이 사귀는 일이다. 한두 번 만나보지 말고 10여 년 이상 장기간에 걸쳐 교류를 하면 그 회사가 앞으로 더 성장할 수 있을지, 쇠락할지를 알 수 있다.

기자생활 24년을 통해 내린 결론은 좋은 회사는 첫인상부터 다르다는 점이다. 취재를 하기 위해 회사를 방문해 보면 잘나가는 업체는 경비원은 물론 도우미 안내원들도 인상이 좋다. 말단 임시직원들도 외부 고객을 대하는 자세에 차이가 난다. 전 사원들의 머릿속에 그 기업 특유의 문화가 살아있다. 최고경영자부터 신입사원까지 회사를 생각하는 애사심이 몸에 배어있기 때문일 것이다.

잘 알려진 것처럼 도요타자동차는 '제조업 강국' 일본을 대표하는 글로벌 기업이다. 일본인들 스스로 도요타자동차에 대한 자부심이 대단할 정도로 일본기업과 일본문화를 대표하는 회사다.

2000년대 중반 일본에서 근무할 때 만난 인연으로 지금도 가끔 연락하고 지내는 '도요타맨'들이 있다. 10여 년간 사귀면서 이젠 일을 떠나 친구처럼 만난다. 만날 때마다 도요타 사람들은 정말 애사심이 대단하다고 느낀다.

 필자가 기자이기 때문이겠지만 일상적인 만남 속에서도 자신의 회사에 도움이 되고, 홍보마케팅에 기여하려는 '정신'을 느낄 수 있다. 국내는 물론 해외에도 '도요타' 브랜드를 알리고 잘 관리하기 위해서다.

 2012년 1월 말 일본 중부 나고야 인근 도요타자동차 본사를 취재할 때도 '도요타맨'들의 일에 대한 완벽성과 철저함을 실감했다. 도요타는 좀처럼 회사 내부를 외국 언론에 잘 공개하지 않는다.

 당시 도요타자동차의 노사관계 취재를 위해 오래전부터 알고 있던 지인 H부장에게 부탁해 어렵사리 취재 협조를 받을 수 있었다. 한 달여에 걸친 이메일 교환을 통해 현장취재 일정을 확정하고 도요타 본사에 방문한 뒤 깜짝 놀랐다. 사전 통보도 없이 H부장이 직접 취재현장에 나타났다. 현장취재 지원을 위해 도요타 도쿄 본사에서 새벽 일찍 신칸센(고속철도)을 타고 직접 온 것이다.

 한편으론 반갑기도 했지만 다소 놀랐다. 본사의 대외 홍보를 총괄하는 글로벌 도요타자동차의 간부가 한국인 기자를 위해 일부러 하루 일정을 내 찾아온 것이다. 옛 지인에 대한 배려지만 도요타자동차를 한국에 제대로 알리고 싶은 철저한 업무 때문이라는 사실을 잘 알기 때문이다.

 올해 62세로 도요타에서 정년퇴직을 하고 지금은 도쿄 본사에서 계약

직으로 일하는 Y부장도 마찬가지다. 그는 일본에서 근무할 때 술자리 친구로 자주 어울리면서 친해진 사이다. 지금도 도쿄에 갈 때 연락을 하면 만사를 제치고 저녁시간에 나와 사케를 한잔씩 하곤 한다. 서로가 좋아서 만나는 것도 있지만 역시 도요타자동차의 대외 이미지를 조금이라도 좋게 하려는 마음이 느껴진다. 도요타맨들의 회사 사랑은 너무나 철저하고 세심하다.

우리나라 대기업 직원 가운데는 40대만 되면 다른 회사로 옮기려고 하는 사례가 많다. 필자도 올해 한국 나이로 50대에 접어들었다. 대기업에 다니는 고등학교나 대학 동창들을 만나보면 자신이 다니는 회사에 대해 자부심을 갖고 있는 경우를 많이 보지 못했다. 이런 상황에 부딪칠 때면 도요타자동차가 부러워진다. 도요타가 아직도 세계 최정상의 기업이며, 앞으로도 발전 가능성이 충분하다는 것을 느끼게 된다.

최고경영자도 마찬가지다. 창업 오너일가로 현재 도요타자동차를 이끌고 있는 도요다 아키오 사장의 회사에 대한 자부심과 헌신은 대단하다. 2012년 초 한국에서도 도요다 오너가의 회사 사랑을 느낄 수 있었다.

1월 18일 서울 광장동 쉐라톤워커힐 호텔. 도요타 '뉴 캠리' 출시 발표회장에 쥐색 양복을 입고 하늘색 넥타이를 맨 낯익은 얼굴의 신사가 신형 캠리를 타고 나타났다.

연매출 400조 원의 도요타그룹을 이끌고 있는 도요다 아키오 사장이다. 전날까지 도요타 사장의 방한은 극비리에 부쳐졌다.

도요다 사장은 "올해 첫 해외 방문지가 한국"이라며 "지난해 동일본대지진 때 도움을 준 한국민에게 감사하다는 말과 대지진을 통해 도요타는 다시 태어났다는 말을 전하고 싶어 날아왔다"고 언급, 참석자들을 깜짝 놀라게 했다.

도요다 사장은 간판 모델과 한국시장의 중요성을 감안해 올해 첫 해외 출장지를 한국으로 정하고 '극비 방한' 한 것이다. 그의 이번 방한은 품질 제일주의를 내세운 도요타의 자신감의 표현이며, 부활의 신호탄이기도 하다. 2010년 미국시장에서의 대량 리콜사태와 2011년 3월 동일본대지진을 이겨내고 세계 정상자리를 되찾겠다는 오너가문 4대째 최고경영자의 얼굴엔 뜨거운 열정이 넘쳤다.

캠리는 1983년 미국에서 처음 출시된 후 세계시장에서 1,400만 대 이상 판매됐다. 한국에 앞서 미국에서 2011년 12월 출시된 7세대 캠리는 기대 이상의 판매 호조를 보이고 있다.

도요다 아키오 사장은 도요타 창업주 도요다 기이치로의 장손으로 게이오대 법학부를 졸업하고 27세에 도요타에 입사했다. 해외 및 국내영업본부장을 역임한 뒤 2009년 6월 사장에 올랐다. 오너 직계인 최고경영자부터 홍보맨까지 도요타맨들이 도요타자동차를 세계 정상의 글로벌 기업으로 만들고 있다.

2012년 도요타자동차의 도전

일본의 자존심 도요타자동차 본사는 도쿄가 아닌 아이치현 도요타시에 있다. 중부지역 관문 추부국제공항에서 대중교통으로 1시간 반이면 도요타 본사까지 갈 수 있다. 도요타시는 도요타 계열사와 협력업체들이 몰려 있는 '도요타 타운'이다.

2012년 1월 말 도요타자동차를 취재하기 위해 본사를 방문했다. 공식 홍보시설인 도요타회관에 들어서자 휴머노이드 로봇이 두 발로 서서 멋진 음악을 연주하고 있었다. 최첨단 기술력이 응집된 인간형 로봇으로 도요타의 향후 행보를 읽을 수 있는 제품이다.

도요타의 2012년형 신차들도 10여 대 전시돼 있었다. 올해 국내외 시장에서 판매촉진에 힘을 기울이는 하이브리드차들이다. 하이브리드차를 표시하는 도요타의 파란색 엠블렘이 전면부에 붙어 있는 게 특히 눈길을 끌었다.

미야타 카오 홍보과장은 "하이브리드차, 에코차 등의 품질 만큼은 경쟁사보다 훨씬 앞서 있다"고 자신한 뒤 "새해 들어 주문이 넘쳐 차량을 인도받으려면 몇 달을 기다려야 한다"고 밝혔다. 올해 일본 국내에서 판매되는 도요타 신차의 경우 3대 중 1대가 하이브리드차다.

일본에서 근무하던 2000년대 중반 도요타 본사를 방문한 지 5년 만에 찾은 도요타자동차의 사무동과 공장에는 잇따른 악재 탓인지 긴장감이 흘렀다. 회사의 신제품과 동향을 설명하는 사원들의 얼굴에선 비장함마저 느껴졌다.

미국 등 글로벌 시장에서 도요타를 맹추격하는 현대자동차에 대한 관심도 매우 높았다. 후지이 히데키 커뮤니케이션팀 부장은 "현대차의 성능과 디자인이 3, 4년 새 너무 좋아졌다"고 높이 평가했다.

세계 최대 일간지인 〈요미우리신문〉은 2002년 1월 말 올해 자동차시장을 전망한 흥미로운 기사를 냈다. 세계 자동차시장이 '빅5'로 재편돼 생존경쟁이 본격화될 것으로 예측했다. 지난해 글로벌 시장에서 659만 대를 팔아 '5강'에 진입한 현대자동차를 일본 메이커들의 무서운 경쟁사로 지목했다.

하지만 일본 언론들은 도요타자동차의 글로벌 경쟁력에 대해 여전히 높은 신뢰를 보였다. 실제로 도요타는 대량리콜에 이은 동일본대지진 후유증에서 벗어나 2011년 4분기 이후 정상을 되찾았다.

이와 관련하여, 한일기술협력재단의 이종윤 전무는 "도요타와 협력업체간의 끈끈한 공생, 협조관계가 동일본대지진 위기를 극복하고 정상화하는 원동력이 됐다"며 "자동차산업은 제조업 경쟁력의 총체인 만큼 세계 최강인 일본 중소업체 덕분에 도요타가 다시 경쟁력을 발휘할 것"으로 내다봤다.

실제로 도요타는 올 1월 세계 최대 자동차시장인 미국에서 좋은 실적을 냈다. 도요타의 신차 판매대수는 1월에 전년 동기 대비 7.5% 증가해 3개월 연속 늘어났다. 2월 2일에는 13년 만에 중저가대의 소형 스포츠카 '86'을 개발, 스포츠카 마니아들을 파고들고 있다.

도요타는 2월 5일 올해 세계시장에서 작년보다 21% 많은 958만 대를 판매할 계획이라고 밝혔다. 지난해 4년 만에 내준 업계 정상자리를 탈환할 수 있을 것으로 자신했다. 하이브리드차, 에코차 등의 판매 확대에 힘입어 대폭적인 증산이 가능할 것으로 기대하고 있다.

1937년 창립 이후 연이는 사상 최악의 악재를 벗어나 도요타자동차가 부활에 나설 수 있었던 것은 기초 기술을 중시하는 일본의 '모노즈쿠리'가 있었기 때문이다. '품질 제일주의'를 내건 도요타가 경쟁력을 되찾을 것으로 일본인들은 자신하고 있다.

아사노 가즈야 교수(도호대 경영학과)는 "도요타는 그룹 각사와 하청기업들의 모임인 협풍회協豊會 등에 의해 지탱되고 있다"며 "본사와 협력업체간 계열화된 '계층적 하청 구조'가 도요타 경쟁력의 비결"이라고 분석했다. 자동차업계 전문기자로 손꼽히는 사이죠 쿠니오 니혼게이자이신문 편집위원도 2012년 초 '강한 도요타는 부활할까' 칼럼에서 도요타의 부활을 낙관했다. 사이죠 씨는 올해가 강한 도요타 부활의 '원년'이 될 것으로 내다봤다. 특히 미, 유럽, 한국 등의 경쟁사에 비해 앞선 하이브리드차 기술이 도요타자동차의 부활 가능성을 높여주고 있다는 게 그의 설명이다.

글로벌 경기침체 속에 미래를 낙관하는 것은 기술과 품질에 대한 자신감 때문이다. 후지이 히데키 커뮤니케이션팀 부장은 "최근 2년간 회사경영이 어려운 가운데도 연구개발에 대한 투자를 꾸준히 했기 때문에 빠르게 회사가 정상화됐다"고 말했다. 그는 또 "자동차업계에서 생존 경쟁이

치열해 코스트 절감이 필요하지만 더 중요한 것은 매력적이고 새로운 신차를 지속적으로 만들 수 있는 기술과 인력"이라고 강조했다. 협력업체인 뿌리산업의 경쟁력이 있어야 자동차 완성차 업체들이 지속적으로 성장할 수 있다는 의미로 이해됐다.

도요타시에서도 뿌리산업의 중요성을 느낄 수 있었다. 모토마치공장 등 도요타의 주요 생산기지가 자리 잡고 있는 아이치현은 일본제조업의 '메카'다. 도요타와 중소 하청업체들이 전형적인 집단구조를 형성하고 있다. 도요타자동차 생산은 그룹 각사와 협풍회, 영풍회榮豊會 가맹기업 등 거대한 관련 하청업체들이 지탱하고 있다. 2004년 기준으로 가맹기업 수는 협풍회 203사, 영풍회 123사다. 협풍회는 유닛 부품회사(109)와 보디부품회사(94)의 2개 부회로, 영풍회는 보디설계부회(20), 유닛 설비부회(48), 설비부회(32), 물류부회(23) 등 4개 부회로 구성되어 있다.

도요타그룹 기업은 도요타자동직기제작소, 아이치제강, 도요타공기, 도요타차체, 도요타통상, 아이싱정기, 덴소, 도요타방직, 도와부동산, 도요타중앙연구소, 간토자동차공업, 도요타합성, 히노자동차공업, 다이하츠공업 등 14사로 구성돼 있다.

이들 기업들은 각각 '협력회 조직'을 갖고 있다. 도요타자동직기는 풍수회豊水會(69), 아이치제강은 풍강회豊鋼會(128), 도요타공기는 풍공협력회 豊工協力會(90), 도요타차체는 협화회協和會(106), 아이싱정기는 아이싱협력회(86), 덴소는 비상회飛翔會(85), 간토자동차는 NEXT(139), 도요타합성은 협화회協和會(72) 등을 보유하고 있다.

아이치현에는 도요타를 정점으로 1차, 2차, 3차, 4차 하청 등 수천 개의 중소제조업체들이 피라미드 구조로 연결돼 있다. 한일산업기술협력재단의 장진욱 비즈니스협력센터장은 "도요타는 부품업체를 계열화하여 계층적 하청구조를 형성하고 있다"며 "모노즈쿠리로 무장한 이들 하청업체들이 도요타를 글로벌 자동차업계 1위로 만들었다"고 분석했다.

2011년 세계 자동차업계 3위로 내려앉으면서 '도요타 신화'의 빛이 상당히 바랬다. 그렇지만 2010년 미국에서 발생한 1,200만 대의 대량 리콜 사태와 2011년 3월 동일본대지진으로 공장 가동률이 50% 이하로 떨어지는 악재 속에서도 도요타의 기초 체력은 흔들리지 않았다. '가이젠改善'으로 대표되는 품질관리와 협력업체와의 끈끈한 공생으로 가능했던 '품질 제일주의'가 경쟁력의 원천이다.

한일산업기술협력재단의 이종윤 전무는 "창업주 이후 4대째 이어져 내려오는 오너가문의 '모노즈쿠리' 정신이 도요타가 위기를 벗어나 정상화될 수 있는 원동력"이라고 평가했다.

도요타 경쟁력의 비결

자동차 산업은 제조업을 대표하는 종합산업이다. 글로벌 시장을 대상으로 대중적인 자동차를 생산, 판매하는 메이커는 세계적으로 5, 6사에 불과할 정도다. 자동차를 대량 생산하려면 3만 개 이상의 부품을 생산, 조

립하는 첨단 제조능력이 필요하다. 글로벌 시장에서 자동차를 판매하고 마케팅을 하려면 기술력은 물론 종합적인 국가 브랜드 경쟁력이 필요하다. 현재 세계시장에서 자동차를 판매하는 국가들은 모두 선진국들이다.

이처럼 경쟁이 치열한 자동차업계에서 일본 도요타자동차는 2008년 자동차 왕국인 미국의 GM제너럴모터스을 제치고 세계 생산 1위 자리에 올라섰다. 세계 최초의 자동차 메이커인 미국 포드자동차(1903)보다 30년 늦은 1933년 자동차시장에 진출한 도요타가 정상을 차지하면서 욱일승천하는 일본경제의 대표주자가 됐다.

기술력과 품질을 최우선하는 일본제조업계를 대표하는 도요타자동차는 일본의 경제성장과 함께 궤를 같이 해온 일본식 경영의 우등생이다.

끊임없는 품질개선을 지향하는 '가이젠'과 '마른 수건도 다시 쥐어짠다'로 유명한 코스트 절감 방식은 세계 제조업체들의 벤치마킹 대상이 되고 있다.

하지만 영광도 잠시뿐이었다. 도요타자동차는 급격한 세계화로 덩치가 커지면서 국내에 이어 2010년 초 미국시장에서 브레이크 오작동과 가속페달 문제로 1,200만 대에 달하는 대량 리콜사태가 발생하여 명성에 금이 갔다. 증가 일로를 걷던 자동차 생산 및 판매도 하락세로 돌아섰다.

승승장구하던 도요타자동차가 내리막길로 접어든 것일까. 도요타자동차의 대량 리콜의 원인을 살펴보고 향후 전망과 한국자동차업계에 주는 시사점을 찾아본다.

도요타자동차는 2008년 세계 생산대수 942만 대, 판매대수 934만 대를 기록해 GM을 제치고 자동차업계 정상을 차지했다. 1999년에 세계 생산량이 500만 대 수준이었으나 급격한 글로벌화로 10년 만에 생산량이 두 배로 늘어나면서 생산량 증대만큼 품질관리가 따라가지 못했다는 분석이다.

도요타자동차 리콜사태의 원인을 한마디로 말하면 해외에 잇따라 만든 생산공장의 품질 및 관리 체계가 국내만큼 철저하지 않았기 때문으로 풀이된다. 특히 1990년대 이후 미국에서 현지 생산량을 급격히 늘리는 과정에서 종업원에 대한 관리·감독이 제대로 진행되지 못했다는 지적이 많다.

도요타는 빠른 속도로 해외에 생산기지를 늘리면서 도요타의 강점인 '품질 제일주의'에 차질이 생겼다. 현지 노동자들을 충분히 교육시키지 못했고, 코스트 절감을 위해 국내외에 늘어난 비정규직 사원들도 품질 저하를 가져온 원인으로 지적된다.

도요타는 1988년 미국 켄터키주에 해외 첫 현지공장을 건설했다. 현지공장은 '가이젠'과 '간반'으로 대표되는 독특한 일본식 경영을 적용해 불량품 양산 등 초기 문제점을 극복하고 대성공을 거뒀다. 2005년에 일본 내 판매는 171만 대였으나 미국은 226만 대에 달해 미국 내 판매가 국내를 앞지를 정도로 미국 현지공장은 큰 성과를 냈다.

당초 해외진출에 적극적이지 않던 도요타자동차가 해외진출을 가속화한 계기는 달러화에 대한 엔화 강세 추세다. 일본경제성장에 힘입어 엔화 가치는 1995년 달러당 79엔까지 치솟았다. 미국 민주당 클린턴 정권에서 보호무역정책으로 미일 간 자동차 무역마찰이 심화된 것도 도요타자동차가 미국 현지화를 서두른 배경이 됐다. 무역마찰로 인해 수출 의존형 사업구조는 정치적으로나 경제적으로 한계 상황에 부딪쳤기 때문이다.

도요타자동차의 미국 현지공장 사원은 약 3만 명을 넘어 세계 전 사원의 10% 이상에 달한다. 관련 부품업체와 판매점을 포함하면 40만 명에 달할 정도로 현지 고용인원이 많다. 이들은 미국시장에서 도요타의 든든한 보호막이 되기도 한다.(2007년 기준)

하지만 급격한 생산 현지화가 빠른 기간 내 진행되면서 당연히 부작용도 생겨났다. 품질 최우선주의를 내세우는 도요타의 경영철학이 현지사원들에게 깊숙이 침투되지 못했기 때문이다. 2010년 미국에서 대량 리콜사태가 발생한 후 도요타 본사 측도 이런 점을 뼈저리게 반성하고 있다.

2000년 후반부터 간헐적으로 일어나던 품질불량 문제가 불거지면서 2010년 초 브레이크 오작동과 가속페달 잠김현상으로 총 1,200만 대에 달하는 최악의 대량 리콜사태가 발생했다.

이는 미국 내에서 과도한 공장 확장으로 인한 기술저하 현상이 나타난 데다 일부에서는 금융위기 이후 어려움을 겪고 있는 GM 등 빅3를 살리기 위한 정치적 공략이라는 분석도 있다.

대량 리콜사태 직후인 2010년 2월 미국 내 도요타자동차의 시장점유율은 전년 동기 대비 2.5%포인트 하락했다. 2010년 초반 시장점유율은 12.8%까지 떨어져 2005년 이후 최악을 기록했다.

이와 관련, 이우광 삼성경제연구소 연구원은 "하늘 높이 올라가면 연은 반드시 떨어진다'는 말처럼 기업도 정점을 지나면 쇠퇴기에 접어들게 마련"이라며 도요타의 문제점을 지적했다.

 도요타자동차가 내세우는 '세계 최고의 생산 시스템'이란 자부심이 오히려 전략이나 판매에 방심을 초래해 부분 최적에 그친 것이 아니냐는 분석도 있다. 전략, 개발, 생산, 판매가 일체가 되어 전체 최적의 일환으로 생산이 이뤄져야 하지만 해외시장의 경우 지나치게 판매확대에만 집중돼 이러한 밸런스가 깨졌다는 지적이다. 최근 급성장세를 타고 있는 우리나라의 현대기아차도 명심해야 할 대목이다.

도요타, 어떤 회사이길래

 도요타자동차는 일본 최대 제조업체다. 일본식 경영의 대표주자로 제조 강국 일본을 상징한다.
 '자동차업계' 1위인 나라가 세계 제조업을 석권한다는 말이 있을 정도로 자동차 산업은 국가경제에서 차지하는 비중이 크다. 2008년 도요타자동차가 글로벌 자동차시장 정상에 올라서면서 일본국민들은 일본경제 회복에 대한 강한 기대를 키웠다.
 도요타자동차는 일본경제의 '경쟁력 총체'라고 해도 과언이 아니다. 일본의 기술, 세계 최초로 개발한 하이브리드 자동차로 대표되는 연구개발력, 60년간 무분규로 상징되는 노사공동체 정신, 4대째 이어져온 오너가문의 리더십 등이 어우러져 오늘날의 도요타자동차가 탄생했다.

특히 창업주 가문을 분석해 보면 도요타의 성장사를 한눈에 파악해 볼 수 있다.

도요타는 1933년 창업자인 도요타 기이치로가 도요타자동직기제작소에 자동차부를 신설, 포드자동차에 비해 30년 늦게 자동차시장에 진출했다. 제2차 세계대전 직후 불황으로 경영위기에 빠지기도 했으나 1960년 고도 성장기와 1980년대 후반 해외 진출 등에 힘입어 2008년 세계 자동차업계 1위에 올랐다.

도요타는 2010년 세계 판매대수(다이하츠, 히노자동차 포함) 841만 대를 기록해 3년 연속 세계 1위 자리를 지켰다. 하지만 대량 리콜사태로 브랜드 신뢰도가 크게 떨어졌다. 게다가 20011년 3월에 발생한 동일본대지진 여파로 부품공급이 어려워지면서 생산 및 판매대수가 감소했다. 결국 2011년 미국 GM에 다시 자동차업계 정상 자리를 넘겨줬다.

2012년 들어 다시 부활에 시동을 건 도요타자동차의 경쟁력 원천은 가이젠으로 대표되는 품질관리와 JIT적시생산방식다. 창업 가문의 모노즈쿠리 정신도 도요타의 성공 비결이다. 끊임없는 비용절감과 품질혁신의 결과다.

도요타는 1950년대 초반에도 한차례 위기를 겪었다. 창업자인 도요다 기이치로는 확대생산을 계속한 결과 경영난에 봉착했다. 당시 은행이 융자조건으로 인원 정리를 요구하자 "절대 해고하지 않겠다"는 노조와의 약속을 깼다. 당시 기이치로가 "결과적으로 내가 안이하게 생각한 것"이라고 말하며 눈물을 흘린 일화는 유명하다. 결국 도요타의 맹점을 치유하는 방법은 '정확한 수요 예측'이라고 할 수 있다. 최근 발생한 도요타자동차의 위기는 수요 예측 실패 때문이다.

도요타자동차의 역사는 도전의 역사이기도 하다. 일본 최초로 승용차를 자체 개발했다. 치열한 노사분규를 노사화합의 경영으로 이끌어낸 것도, 자동차 대국인 미국시장에 도전한 것도, 미국과 일본간 자동차 마찰을 슬기롭게 해결한 것도, 하이브리드 자동차를 세계 최초로 개발한 것도 도요타다. 창업 80년을 맞는 도요타자동차는 기술에서 항상 세계 최고를 자랑해왔다.

도요타자동차가 80여 년의 역사 동안 세계 정상에 오른 요인 중에서 창업주 일가의 헌신을 꼽는 전문가들이 가장 많다. 1867년에 태어난 도요다 사키치는 도요타그룹의 모기업인 도요타자동직기를 설립했다. 그는 초등학교만 졸업했지만 매일 밤 독학으로 설계를 배워 품질과 생산 효율에서 세계 최고의 자동직기를 만들었다. 사키치의 정열과 연구 정신, 현장주의는 도요타 기업문화의 바탕이다.

사키치가 방직기 사업으로 벌어들인 자금은 아들 기이치로가 자동차 산업에 진출하는 기반이 됐다. 사키치는 "제조로 국가와 사회에 공헌하라" "노동은 인간의 의무다"라는 유지를 남겼다.

창업 2세대인 기이치로는 1894년 시즈오카현에서 태어났다. 1920년 도쿄제국대학을 졸업한 뒤 부친 회사인 도요타자동직기에 입사했다. 1921년 미국과 유럽의 산업시찰을 통해 자동차 시대가 도래할 것임을 내다보고 사내에 자동차부를 설치, 자동차 개발업무를 맡았다.

그는 자동차의 품질을 안정시키기 위해 협력업체의 모든 품질까지도 일원화할 필요가 있다고 판단했다. 그래서 불필요하게 구매처를 늘리거나 구입가격에 눈이 멀어 구매처를 쉽게 변경하지 못하도록 했다. 항상 일정하고 안정된 거래관계를 유지하는 동시에 전문화를 꾀하기 위해 협력업체에 대한 육성과 지도를 강조했다. 창업자들의 이런 방침이 오늘날 도요타 협력업체의 경쟁력을 세계 최고 수준으로 끌어올린 원동력이 됐다는 평가다.

기이치로는 1941년 사장에 취임, 도요타자동차의 초석을 쌓은 뒤 1950년 전후 디플레이션 때 발생한 노사분규와 자금난에 대한 책임을 지고 물러났다. 도요타는 당시 노사분규의 경험을 활용해 그 뒤 단 한 차례도 노사분규를 겪지 않았다. 도요타가 반세기 이상 흔들림 없이 고속성장을 지속한 배경에는 노사안정이 있었기에 가능했다.

기이치로가 자동차 산업의 초석을 놓았다면 장남인 도요다 쇼이치로는 회사를 세계적 기업으로 성장시킨 주역이다. 창업 3세대인 쇼이치로는 1952년 도요타자동차에 입사한 뒤 1960년대에 TQC전사적 품질관리를 도입해 도요타의 품질관리 신화를 일궈냈다. 쇼이치로의 탁월한 점은 전문경영인인 오쿠다 히로시 전 게이단렌 회장과 조 후지오 회장을 키워낸 것이다. 이들 두 명의 뛰어난 전문경영인 덕분에 도요타는 21세기 진입과 함께 글로벌 톱 메이커로 우뚝 섰다.

도요타자동차의 미래는 창업 4세대인 도요다 아키오 사장의 몫으로 돌아갔다. 2009년 6월 사령탑을 맡은 아키오 사장은 취임 후 발생한 대량 리콜사태와 동일본대지진으로 인한 부품공급 차질로 큰 시련을 겪기도 했다.

도요타자동차는 2012년을 부활 원년으로 선언했다. 1월부터 국내외 시장에서 가시적인 성과가 나타나고 있다. 4대째 내려오는 오너가문의 리더십 위에 탄탄한 기술과 자본력을 갖고 있는 도요타가 내년 이후 다시 자동차업계 정상에 올라설 가능성이 높다고 필자는 보고 있다.

도요타자동차 연구자인 히노 사토시 히로시마대 교수는 "오너가문과 전문경영인이 힘을 합쳐 끊임없이 품질을 개선해 나가는 도요타의 경영 메커니즘이 있기 때문에 도요타의 경쟁력이 유지될 것"으로 전망했다.

도요타자동차의 미래

도요타는 창업 이후 여러 차례 위기를 슬기롭게 극복했다. 2010~2011년 2년간의 시련도 잘 넘겼다는 평가를 받고 있다. 도요타자동차는 충분한 기술과 자금력을 갖고 있다. 미래가 어둡지 않은 이유다. 1월 말 도요타 본사에서 만난 임직원들의 얼굴에서도 최악의 상황을 벗어난 안도감과 함께 긴장감도 느낄 수 있었다.

대량 리콜사태로 우려됐던 소비자 신뢰도도 2011년 하반기 미 법원에서 무죄판결이 나오면서 상당히 회복했다. 실제로 2011년 하반기 국제

브랜드 평가사인 밀워드 브라운이 발표한 '글로벌 톱100 브랜드 가치'에서도 BMW를 제치고 다시 정상에 복귀하는 저력을 보여줬다.

2011년 3월 발생한 동일본대지진으로 무너졌던 도요타자동차의 부품 조달망도 연말들어 완전 정상화됐다. 2012년부터 리콜사태와 대지진 충격에서 벗어나 생산과 판매가 완전 정상화되고 있다. 업계 일각의 시각처럼 도요타자동차가 내리막길을 걸을 가능성은 낮아 보인다.

도요타자동차는 대량 리콜 충격에서 벗어나 '안심 전략'으로 위기극복에 나서고 있다. 리콜사태 이후 도요다 아키오 사장이 글로벌 품질위원회를 설립해 해외공장을 직접 관리하고 있다. 또 세계 6개 지역에 CQO(Chief Quality Officer) 직책을 신설해 1,000여 명의 엔지니어에 대한 안전 관련 임무를 재부여하는 등 품질관리를 위한 내부 프로세스를 개선했다.

물론 이런 개선 노력에도 불구하고 도요타자동차가 다시 업계 정상에 오르기가 쉽지 않을 것이란 분석도 있다. 일본의 기술 애널리스트인 세노오 겐이치로는 도요타가 위기를 극복하려면 완전히 새로운 사업 모델이 필요하다는 주장을 내놨다.

도요타는 가솔린 자동차의 차세대 모델로 하이브리드 자동차를 보급 중이다. 기존 모델과 신규 모델을 조합한 하이브리드는 어떤 의미에서 기존 모델의 연명책이다. 하이브리드 연명책은 단명할지도 모른다는 게 세노오 씨의 분석이다. 하이브리드 자동차는 이노베이션의 딜레마를 포함하고 있다. 엔진을 사용해 모터를 돌리는 것이 포인트이기 때문이다.

현대자동차에 주는 시사점

도요타자동차의 대량 리콜사태는 도요타만의 문제는 아니다. 자동차 업계에서는 언제든지 발생할 수 있다는 게 업계전문가들의 주장이다. 완성차업체나 부품업체 모두 생산능력이 급속히 증대할 경우 예상치 못한 품질 저하 문제에 부딪칠 수 있기 때문이다.

최근 미국 등 글로벌 시장에서 급격히 판매가 늘어나는 현대기아차에도 도요타자동차의 대량 리콜사태가 시사하는 점이 많다. 조금만 품질관리를 소홀히 하면 엄청난 피해를 입을 수 있다. 글로벌 시장에서 아직 브랜드 인지도나 품질 신뢰도가 낮은 한국차업체의 경우 만약 대량 리콜사태가 발생할 경우 도요타보다도 훨씬 큰 충격을 받을 게 뻔하다.

실제로 현대기아차는 2011년 한때 미국시장에서 사상 처음으로 점유율 10%를 넘어설 만큼 대약진을 하고 있다. 잘나갈 때일수록 주의가 필요하다는 지적이 많다. 현대차미국법인HMA은 2011년 5월 1일 지난달 미국시장에서 작년 동기보다 21% 증가한 5만 9,214대를 판매한 것으로 집계됐다고 발표했다. 이는 5월 판매 실적으로는 역대 최고치로, 5개월 연속 월간 판매 신기록을 갈아치웠다. 또 기아차미국법인KMA는 4만 8,212대를 팔아 주요 업체 중 가장 높은 53.4%의 판매신장률을 기록했다. 월간 실적으로는 사상 최대치이며, 3개월 연속 판매 신기록을 세웠다.

양사를 합친 월간 판매량은 10만 7,426대에 달해 미국 전체 자동차 판매량(106만 1,841대)의 10.1%를 차지했다. 현대차가 1986년 미국시장에 진출한 이후 현대기아차의 시장점유율이 두 자릿수를 기록한 것은 이번이 처음이다. 이로써 현대기아차는 일본 닛산(7만 6,148대)과 혼다(9만 773대)를 제치고 미국시장 5위에 오르기도 했다. 하지만 도요타가 정상화된 2012년 들어 현대차의 미국시장 점유율은 7%대에 그치고 있다.

현대차는 도요타자동차의 대량 리콜사태를 '타산지석'으로 삼을 필요가 있다. IT업계에서 한국 삼성과 일본 소니 등이 대접전을 펼치는 것과 마찬가지로 자동차업계에서 현대차가 도요타를 제치고 업계 정상에 오를 수 있을지 세계인들의 관심이 커지고 있다.

3장
일본 경영의 신, 교세라 그룹 이나모리 회장의 잠언

일본식 경영의 보루, 이나모리 가즈오

요즘 일본에서 가장 뜨는 기업인은 이나모리 가즈오 교세라 그룹 창업주(JAL 명예회장)다. 한국 나이로 80을 넘겼지만 글로벌 경영지식으로 무장한 쟁쟁한 젊은 경영자들을 제치고 일본 국민들로부터 폭 넓게 존경받고 있다.

이나모리가 20대에 창업한 교세라 그룹은 글로벌 경기침체 속에서 고성장을 지속하고 있다. 그는 27세에 TV브라운관의 작은 부품을 만드는 '교세라'를 창업해 세계 굴지의 회사로 만든 성공한 기업가다.

2010년 초 경영을 맡은 JAL일본항공도 2년 만에 완전 정상화됐다. 이나모리 회장은 빚더미에 앉은 JAL의 구원투수로 등장해 14개월 만에 법정관리에서 졸업시켰다.

JAL은 2000년대 후반까지만 해도 일본 대학생들이 선망하는 최고 직장이었다. 그러던 JAL은 방만한 경영과 경기침체 여파로 경영난에 빠지면서 정부의 구제금융을 받을 정도로 위기에 빠졌다.

이나모리는 JAL을 회생시켜 꺼져가던 '일본식 경영'의 경쟁력을 다시 입증했다. 자신이 창업한 전자부품업체 교세라를 세계적 회사로 키운 '경영의 신' 이나모리가 일본인들의 자존심을 살린 것이다. 이나모리의 성공은 시사하는 바가 많다.

미국 〈포브스〉 선정 일본 28위 자산가로 뽑힌 이나모리 회장은 자기 분열을 하는 아메바처럼 기업을 자유롭게 뭉쳤다 헤쳤다 할 수 있는 '아메바 경영'으로 교세라를 키웠다. 그는 2005년 교세라의 명예회장으로 경영 일선에서 물러난 뒤엔 교단에서 경영철학을 가르치는가 하면 선불교 승려가 돼 화제를 모으기도 했다.

2년 전 JAL 사령탑에 오른 이나모리 회장의 한마디는 "임직원들을 비즈니스 마인드 체질로 철저히 바꿔 놓겠다"는 것이었다. 그는 취임 기자회견에서 강도 높은 구조조정 계획을 발표했다.

이나모리 회장은 "항공업계는 전혀 경험이 없는 초보자이지만 '수입을 늘리고 비용을 줄인다'는 기업경영의 기본원칙은 제조업과 다를 게 없다"며 "정부와 논의해 마련할 회생 계획을 철저히 추진하면 일본항공을 반드시 되살릴 수 있을 것으로 믿는다"고 자신했다.

법정관리를 주도할 공공기관인 기업재생지원기구는 2조 3,220억 엔에 달하는 일본항공 부채를 해소하기 위해 고강도 구조 조정안을 마련했다. 전체 직원의 30% 가량인 1만 5,000명을 해고하고 31개 적자노선 폐지와 53개 계열사 매각 방안이 포함됐다.

실제로 이나모리 회장은 2년이 안 돼 경영능력을 입증했다. 2011회계연도 상반기(4~9월)에 연간 이익목표을 달성했다. 매출은 5,998억 엔, 순익 974억 엔을 기록했다. 순익은 1년 예상치 757억 엔을 훨씬 뛰어넘어 시장 관계자들을 놀라게 했다.

글로벌 경제위기와 3·11 동일본대지진의 여파로 연간 순익을 757억 엔으로 낮추잡았으나 위기대응체제 강화, 부문별 채산제도 등을 통해 목표를 초과달성한 것이다. 업계에선 "인건비, 연료비 절감 노력을 실시하고 사업부문별 채산제도를 도입해 한 좌석이라도 더 판매하려는 노력을 기울여 기대 이상의 실적을 냈다"고 높이 평가했다.

필자도 일본 근무시절 두 차례 이나모리 회장을 직접 취재한 적이 있다. 일반 경영자들에서 보지 못했던 강력한 카리스마를 느꼈던 기억이 남아 있다. 그는 마쓰시타 고노스케마쓰시타그룹 창업자, 혼다 소이치로혼다그룹 창업자와 더불어 일본 3대 경영의 신으로 불린다.

위기에 강한 이나모리의 일본식 경영

이나모리 회장의 경영철학을 알면 일본기업의 미래를 알 수 있다. 필자가 일본식 경영을 높게 평가하는 배경도 바로 이나모리 회장이 건재하고 있기 때문이다. 일본식 경영은 일본경제의 버팀목이 되고 있다.

이나모리 회장은 경영 방식인 아메바 경영뿐 아니라 인생의 지침이 되는 잠언록으로도 유명하다. 그의 경영철학을 연구하는 모임인 '세이와주크'는 일본 국내는 물론 세계 50여 개 지역에 설치돼 각국 사람들로부터 큰 인기를 얻고 있다. 그는 뛰어난 경영자이며, 많은 보통 사람들의 인생 스승이기도 하다.

2000년대 중반 도쿄에서 열린 세이와주크 연말 송년모임에 참석한 적이 있다. 이나모리 회장의 경영과 인생철학을 배우기 위해 모여든 사람들의 표정이 너무나도 진지했다. 2012년 1월 말 일본에서 알고 지내던 교세라그룹의 오랜 지인이 방한해 이나모리 회장의 경영철학을 다시 들을 수 있는 기회가 있었다.

일본 지인들로부터 좋은 얘기를 많이 들었다. 특히 기억에 남는 말은 기업의 존재 이유였다. 그는 2008년 하반기 미국에서 발생한 '리먼쇼크'로 일본식 경영이 다시 조명을 받고 있다고 자랑했다. 기업의 존재 가치는 미국식 경영목표인 '주주가치의 극대화'가 아니라 '회사 종업원들의 행복'에 있다는 설명을 듣고 느낀 바가 많았다.

오늘날 세계적인 이슈로 떠오른 글로벌 자본주의 문제를 이나모리식 경영으로 해결할 수 있지 않을까 생각해 봤다. 자본주의 병폐로 지적된 빈부격차 확대나 사회 양극화는 기업의 존재가치에 대한 재정립을 요구하고 있기 때문이다.

이나모리 회장은 기업의 존재 이유가 직원들의 행복이기 때문에 고용 유지를 위해 기업이 영속해야 하고, 지속적으로 성장해야 한다는 주장을 폈다. 기업의 지속적인 성장이 필요하다는 측면에선 미국식이나 일본식 경영 모두 큰 차이가 없지만 회사의 최우선 경영목표를 어디에 두느냐는 다소 차이가 난다.

사회적 강자와 약자, 대기업과 중소기업의 상생이 절실하게 필요한 한국의 현실에서 이나모리식 경영철학을 한번쯤 되새겨보는 것도 의미가 있을 것 같다.

일본친구는 이나모리의 경영철학을 연구하는 세이와주크에서 만든 신년 달력 하나를 선물로 주고 갔다. 이나모리의 철학을 일별로 적어 놓은 달력이다. 설 연휴 마지막 날인 24일 달력의 글귀가 퍽 마음에 와 닿았다.

이날의 잠언은 "삼독三毒을 억누른다"였다. 인생을 성공적으로 살기 위해선 욕망(탐욕)을 억제하고, 화를 누르고, 어리석음을 깨우치라는 뜻으로 이해됐다. 독자 여러분들도 '삼독'에 주의하면 반드시 인생에서 성공할 것으로 믿는다.

위기의 한국경제에 해법 던진 이나모리

2012년 2월 초 하나은행 초청으로 한국에 온 이나모리 회장의 서울강연이 국내 업계는 물론 일반인들 사이에서 화제가 됐다. 2000년대 들어 우리나라에서 인기를 끈 신자유주의적 경제성장 방식의 대안을 제시했기 때문이다. 서구식 신자유주의와 양극화로 난관에 봉착한 한국사회의 위기탈출을 위해 이나모리 회장의 지적은 새겨들을 가치가 있다.

이나모리 가즈오 JAL 회장은 "기업을 경영하는 진정한 목적은 기술자의 꿈을 실현하는 것이 아님은 물론 자기 잇속을 챙기고 부자가 되는 것도 아니다"고 말했다. 그는 서울 소공동 롯데호텔 크리스탈볼룸에서 가진 하나금융그룹 제101회 드림소사이어티 행사에서 강연자로 나서 자신의 경영철학을 소개해 참석자들로부터 큰 호응을 얻었다. 그의 발언은 신문, 방송에서도 큰 화제가 됐다.

이나모리 회장은 "경영자의 목적은 현재는 물론 미래까지 종업원과 그들 가족의 생활을 지켜주고 믿음을 주는 데 있음을 깨닫게 됐다"고 강조했다. 그는 "보편적인 경영원칙이 기업을 성장으로 이끈다"는 주제로 12가지 경영원칙을 소개했다.

이나모리 회장은 "기업의 목표는 회사 전체의 막연한 숫자가 아니라 조직별로 세분화돼야 한다"고 주장했다. 1년을 아우르는 연간 목표뿐 아니라 월간 목표도 정해야 하고 매일의 목표도 설정해야한다는 것이다. 그는 "일반적으로 5개년 계획 또는 10개년 계획 같은 중·장기적 경영계획을 입안해야 하지만 교세라는 장기계획을 세운 적이 거의 없다"고 소개했다.

또 "경영컨설턴트들은 '코앞의 목표만으론 큰 사업을 할 수 없다'고 입을 모으지만 교세라는 1년마다 구체적인 목표를 세워 이를 꾸준히 달성했고 또 다음해에는 반드시 전년도 실적을 상회하는 목표를 세워 이를 확실히 달성하는 것을 일관되게 관철시켰다"고 강조했다.

이나모리 회장은 '매출 최대, 경비 최소'를 경영의 대원칙으로 삼았다고 소개했다. 그는 "일반적인 경영 상식으론 매출이 증대하면 경비도 함께 늘어난다"면서도 "그런 선입견을 버리고 매출을 최대한으로 늘리고 경비를 최소한으로 줄이기 위한 창의적 노력을 계속하는 자세가 고수익을 낳는다"고 말했다.

예컨대 어떤 기업의 매출이 100이고 여기에 필요한 인재와 제조설비를 갖추고 있다고 가정하자. 보통 기업은 수주가 150으로 증가했다면 일반적으로 50%의 인원과 설비를 추가해 150을 생산하려 한다. 하지만 이런 단순 덧셈 방식의 경영으론 결코 고수익을 낼 수 없다는 게 이나모리 회장의 지적이다. 수주가 150으로 증가해도 생산성 향상을 통해 인원과 설비는 20~30% 정도만 증가시켜야 한다는 것이다.

그는 "수주가 늘고 매출이 확대돼 회사가 발전하는 시기야말로 합리화를 도모하고 고수익의 기업체질을 갖출 수 있는 천재일우의 기회"라며 "하지만 대부분의 경영자는 이런 호황기에 불필요하게 경비를 낭비하고 과다한 설비투자를 하는 등 방만한 경영에 빠지게 된다"고 말했다.

이나모리 회장은 교세라 창업 초기부터 '아메바 경영'이라 불리는 경영시스템을 도입했다. 몇 명에서 십여 명 정도로 구성된 '아메바'로 불리는 소그룹이 이 시스템에 따라 일을 하며 월간 매출과 경비 명세를 조직별로 명확히 알 수 있게 한 시스템이다.

그는 "매출에서 소요경비를 모두 차감하고 남은 금액을 월간 총 근로시간으로 나눈 숫자로 경영지표를 삼고 있다"며 "이것을 '시간당 채산제도'라고 부른다"고 소개했다. 이나모리 회장은 가격결정을 할 때 '구매'와 제조사업부의 '비용절감'이 연동돼야 한다고 말했다. "경영자가 가격결정을 하는 순간 이미 자재구매나 제조비용절감에 대한 생각이 있어야 한다"며 "어떻게 하면 제조비용을 줄일 것인가를 생각하는 것도 중요한 업무 중 하나"라고 강조했다.

그는 "제품가치를 정확히 판단한 후 개당 제품의 이윤과 판매수량을 곱한 것이 극대치를 이루는 한 점을 찾아 가격결정을 해야 한다"고 말했다.

제조업체의 경우 영업파트에서 싼 가격으로 수주하면 제조파트에서 아무리 노력해도 이익을 내기 어렵다. 따라서 영업파트는 가급적 높은 가격으로 팔아야 하지만 정해진 가격 내에서 이익을 낼 수 있는지는 제조파트의 책임이다.

이나모리 회장은 "재료비, 인건비, 기타 경비 얼마 하는 식의 고정관념과 상식은 모두 버려야 한다"며 "사양과 품질 등 주어진 요건을 충족시킨 범위 내에서 제품을 가장 낮은 비용으로 제조하는 노력을 철저히 해야 한다"고 강조했다.

이나모리 가즈오의 잠언집

2012년 1월 한국을 찾은 교세라 그룹의 지인으로부터 이나모리의 일별 잠언이 실린 달력을 선물로 받았다. 요즘 집에 걸어두고 출근할 때마다 한 번씩 읽어본다. 하루를 치열하게 살아가는 사업가나 샐러리맨은 물론 청소년들에게도 유익하다는 생각이 들었다.

1 새로운 계획을 실현한다

"새로운 계획의 성숙은 불요불굴의 자세에 있다. 꿋꿋이 생각하라. 자신감 있게, 강하고 꿋꿋하게."

새로 세운 계획의 실현을 원한다면 어떠한 일이 있어도 절대로 포기하지 말고 강렬하게 지속해야 한다. 그렇게 하면 어떠한 어려운 목표일지라도 반드시 달성할 수 있다. 사람의 '생각'에는 세상일을 성숙시키는 힘이 있다. 그 '생각'이 품위 있고 순수하며 꿋꿋한 것이라면 최대한 힘을 쏟으면 된다. 반드시 목표를 달성할 수 있다.

2 오늘 하루를 성심성의껏 노력한다

오늘 하루를 성심성의껏 노력하자. 오늘 하루를 현명하게 일하면 반드시 내일이 보인다. 이번 달을 성심성의껏 노력하자. 이번 달을 성심성의껏 노력하면 다음 달이 보일 것이다. 올 1년을 충실히 하자. 올해를 충실히 하면 내년이 보인다. 큰 목표에 도달하기 위해선 오늘 하루가 가장 중요하다.

3 항상 창조적인 일을 하자

계속 중요하다고 해도 같은 일을 되풀이해선 안 된다. '계속'과 '반복'은 다르다. 어제와 같은 일을 마냥 되풀이 하는 것이 아니라 오늘보다 내일, 내일보다 모레가 조금씩이라도 개선돼야 한다. 창의적으로 공부하는 마음이 성공의 지름길이다.

4 우직하게, 진지하게, 꾸준히 일하자

자신의 일에 몰입해 방심하지 말고 성실하게 노력해가자. 그러면 인격을 다듬는 '수행'이 돼 인간을 성장시킨다. '마음의 품격'을 높여야 인생을 깊고 가치 있게 만들 수 있다.

5 매일 반성하는 시간을 갖자

인생을 살아가면서 마음을 품위 있게 가꾸는 것은 생각만큼 쉽지 않다. 상당한 경지에 오른 성인군자가 아닌 이상 선한 생각과 행동만을 하는 것은 불가능하다. 만약 악한 것을 생각하고 행동했다면 겸허하게 반성해야 한다. 오늘 자신이 행한 것을 솔직하게 반성해 내일부터 다시 시작해야 한다. 매일 반성의 시간을 갖는다면 인생에서 실패를 줄일 수 있을 뿐 아니라 마음을 품위 있게 만들 수 있다.

6 감성적인 고민을 하지 않는다

인생에서 실패할 순 있지만 끙끙거리며 감성적인 고민에 빠지면 안 된다. "왜 그런 짓을 했는가" "그런 짓을 안했으면 좋았을텐데" 등등. 고민만 해봤자 해결책이 안 나온다. 실패한 원인을 잘 생각해 반성하는 것이 중요하다. 충분히 반성했다면 잊어야 한다. 새로운 다음 목표를 향해 밝은 희망을 갖고 행동하면 되는 것이다. 실패를 해도 반성하고 새로 행동하는 사람은 반드시 성공한다.

7 감동하는 마음을 갖자

사소한 일에 기뻐하고 감동하는 마음을 갖자. 감동에서 나오는 에너지를 바탕으로 현명하게 일한다. 그것이야 말로 인생을 강하게 살아가는 최선의 방법이다.

8 올바른 판단기준을 만들자

인간은 살아가면서 항상 판단해야 한다. 경영자의 사소한 판단 미스는 회사의 존폐 문제가 될 수 있다. 사람은 이따금 이득을 기준으로 잘못 판단하는 경우가 있다. 나는 인간으로서 올바른가, 올바르지 않은가를 판단기준으로 삼아왔다. 경영도 인간을 상대로 하는 것인 만큼 도덕과 윤리기준을 중시해야 한다.

9 일에 빠지자

인간은 좋아하는 일이라면 어떤 고생도 대수롭지 않게 여긴다. 어려움을 극복하고 계속 노력한다면 대부분 성공할 수 있다. 자신의 일을 좋아하는 것이야 말로 성공을 결정한다. 한눈팔지 말고 업무에 몰입해야 한다. 업무와 일심동체가 되어 애정을 갖는다면 행복을 얻을 수 있다.

10 일은 사람을 만든다

잘 살려면 잘 일해야 한다. 일하는 최대 목적은 자신을 연마해 품위 있는 인간이 되는 것이다. 자신이 해야 할 일에 몰입하고 항상 정성을 다해야 한다. 그렇게 하면 우리 스스로의 내면을 다질 수 있고, 속이 깊은 인간이 될 수 있다.

11 미래 진행형으로 생각하라

도달 목표는 높여 잡아야 한다. 미래에 성취해야 할 목표를 정해 누구에게도 지지 않을 만큼 노력을 쏟아부어야한다. 스스로의 능력을 미래 진행형으로 생각해야 한다. 높고 큰 목표를 달성하기 위해 가장 중요한 것이다.

12 필사의 노력은 자연의 섭리다

동물이나 식물은 필사적으로 살아가지 않으면 살아남을 수 없다. 하지만 인간은 "누구에게도 지지 않으려 노력한다"거나 "필사적으로 산다"고 말하면 무언가 특별한 것처럼 느낀다. 성공하기 위해서가 아니라 살기위해서 '누구에게도 지지 않는 노력'으로 일해야 한다. 그것이 자연의 섭리다.

13 곤경은 사람을 단련시킨다

자신이 놓인 어려운 환경을 부정적으로 받아들여 원망하며 살 것인가. 아니면 곤경을 긍정적으로 받아들여 성장의 기회로 삼을 것인가. 어떤 길을 가느냐에 따라 도착하는 종착역이 크게 달라진다. 일이나 인생이나 모두 마찬가지다.

14 정도正道를 지켜라

'정도'는 자신에게 옳은 것이 아니라 하늘에 부끄러움이 없는 것이다. 인간으로서 올바른 길이란 의미다. 교묘하게 행동하면 잠시 동안 잘 될지 몰라도 결코 오래가지 못한다. "인간으로서 무엇이 옳은가"에 판단 기준을 두고 그것에 따라 옳은 길을 따라가야 한다.

다시 말해 거짓말을 하지 말고, 정직해야 한다. 욕심을 부리지 말고 다른 사람들에게 피해를 끼쳐선 안 된다. 그리고 모든 사람들에게 친절해야 한다. 인간으로서 지켜야 할 당연한 규범은 지키는 것이 좋다. 옳은 길을 가고, 진심을 갖고 살아가는 것이 긴 안목으로 보면 좋은 결과를 가져온다.

15 일은 만병통치약이다

인생은 고난의 연속이다. 자신이 원하거나 불러들이지 않아도 생각지 못했던 고난이 계속 덮쳐온다. 그런 고난이나 불행을 겪을 때 우리들은 운명을 원망하며 운명론에 빠진다. 하지만 어떠한 고난에도 지지 않고 불굴의 의지로 일해야 한다. 일은 가혹한 운명을 극복하고 인생을 밝고 희망차게 하는 비결이다. 일은 고난이나 시련을 극복해 운명을 호전시켜 주는 '만병통치약'이다.

16 수직등반으로 도전하라

인생이나 일을 할 때는 어떠한 곤경에도 쉽게 타협하지 않고 수직으로 꾸준히 올라가는 것이 중요하다. 강한 의지를 갖고 한 걸음 한 걸음, 매일매일 노력을 계속하는 사람은 아무리 험한 길이라도 언젠가는 반드시 인생의 정점에 설 수 있다.

17 '자연성'의 사람이 되라

물질에는 가연성, 불연성, 자연성의 세 가지가 있다. 삶에도 세 가지 타입이 있다. 무언가를 성취하기 위해선 '스스로 불타는 사람'이 되어야 한다. 스스로 타기 위해선 자신이 하고 있는 것을 좋아하는 동시에 명확한 목표를 갖는 것이 필요하다. '자연성'의 사람은 다른 사람이 시켜서 일을 하거나 명령 때문에 일을 하는 사람이 아니다. 다른 사람이 시키기 전에 스스로 하는 적극적인 사람이야 말로 '자연성'의 사람이다. 진정으로 일을 좋아하는 사람이다.

18 '이젠 안 된다'일 때가 진짜 시작이다

일에 있어 "이제 더 이상 손쓸 수가 없다"고 포기하고 싶은 국면에 몰릴 때, 끝이라고 생각하지 않고 제2의 출발지점으로 삼아야 한다. 그곳으로부터 더 강한 의지를 갖고 열정을 불태워 마지막까지 해내는 것이 중요하다. 그런 강인한 끈질김이 필요하다.

19 우주의 의지와 조화하라

우주에는 모든 것을 제대로 바로잡고 발전시키는 힘이 존재한다. 그

것을 우주의 의지라고 말해도 좋다. 모든 것에 대해 '좋게 한다'는 사랑의 마음을 갖고 노력을 쌓아 가면 그 사람의 인생은 성공한다. 번영을 가져다주는 것이 가능하다.

20 공공의 이익을 위해 재능을 쓴다

어떤 뛰어난 능력이나 성과도 자신만의 것은 아니다. 재능이나 소유물을 사유화하지 말고 회사를 위해 써야 한다. 자신의 재능을 '공公'을 위해 쓰는 것을 제1순위로 하라. '사私'를 위해 쓰는 것은 그 다음이다. 겸손의 미덕은 여기에 있다.

21 매일 꾸준히 일한다

고난이 계속되는 경우는 없다. 행운도 이어지지 않는다. 좋을 때는 사치하지 않고 좋지 않을 때는 무너지지 말자. 매일 계속해서 현명하게 일하는 것이 중요하다. 시련 속에서도 현명하게 계속 노력하는 것이 성공의 씨를 키우는 일이다.

22 지혜의 창고를 열라

세상 우주의 어딘가에 '지혜의 창고(진리의 창고)'로 불리는 장소가 있다. 우리들은 눈치 채지 못하고 있지만, 지혜나 새로운 발상, 아이디어, 창의력 등을 필요할 때마다 지혜의 창고에서 퍼 올려 쓰고 있다. 창고의 문을 열어 지혜를 얻으려면 어떻게 하면 좋을까. 뜨거운 열정을 쏟아 진지하게 노력하는 방법밖에 없다. 신은 그런 사람에게 축복을 준다. '지혜의 창고'를 열라.

23 인생의 목적은 마음을 다듬는 것이다

조금이라도 아름다운 마음을 품고 죽어가는 것이 마음을 품위 있게 하는 것이다. 태어났을 때보다 죽을 때 조금이라도 더 마음이 다듬어져 있어야 한다. 아름다운 마음이란 부드러운 생각의 마음이 점점 커져 조금이라도 이타심이 생기는 상태다. 그런 아름다운 마음으로 타고난 자신의 마음을 변화시키는 것이야 말로 우리가 살아가는 목적이다.

24 삼독=毒을 억누른다

삼독(욕망, 화, 어리석음)을 완전히 없애는 것은 불가능하다. 하지만 가능한 욕심을 떠나보내고, 화를 진정시키고, 어리석음을 없애야 한다. 이를 위한 지름길은 없다. 우리는 살아가면서 매일 다양한 판단을 해야 한다. 순간적인 판단은 대부분 본능에서 나온다. 상대방에게 대답하기 전, 최초의 판단을 일단 보류하라. 삼독이 움직였는지를 먼저 자문해야 한다. 사심을 억누르면 이타심이 생긴다. 자신의 일은 나중으로 미루고 세상과 사람들을 위해 헌신하는 이타심이 생겼을 때 더 잘 살 수 있다.

25 강렬한 염원을 마음에 품자

염원을 달성하려면 평소처럼 생각해선 안 된다. 강렬한 염원을 갖고 밤낮 없이 24시간 내내 그것을 생각해야 한다. 머리끝부터 발끝까지 온 몸을 그 생각으로 가득 채워야 한다. 그것이 세상사를 숙성시키는 원동력이 된다.

26 정직한 마음을 갖는다

감사의 마음이 행복을 부르고, 솔직한 마음은 발전을 가져온다. 자신의 귀에 거슬릴지라도 오늘부터 마음을 새롭게 가다듬어야 한다. 솔직한 마음이 우리의 능력을 성장시킨다.

27 눈에 보일 때까지 생각한다

꿈이 클수록 실현까지의 거리는 멀다. 그러나 자꾸 생각하고 노력하다 보면 눈앞에 꿈이 이뤄진다. 한 걸음이라도 더 다가가려면 일상생활에서 노력해야 한다. 계속 꿈을 꾸다보면 창조적인 영감도 만들어진다.

28 재능을 덕으로 제압한다

뛰어난 재능의 소유자는 그 재능에 빠지지 않도록 주의해야 한다. 다른 사람에게 없는 힘이 잘못 쓰이지 않도록 절제하는 것이 필요하다. 그것이 덕이고, 인격이다.

29 선하게 생각하고, 행동하라

인생은 운명과 인과응보로 만들어져 있다. 인과응보의 법칙이 운명보다 약간 더 강하다. 우리들은 선하게 생각하고, 행동함으로써 운명의 흐름을 선한 방향으로 바꿀 수 있다. 인간은 스스로 선택한 행동을 통해 운명을 변화시킬 수 있는 존재다.

30 어제보다 한 걸음이라도 앞으로 나가자

하루에 한 걸음은 앞으로 나간다. 오늘은 어제보다 1cm라도 전진하라. 앞으로 가는 것만이 아니라 반성을 통해 한 걸음씩 개선해 나가는 것이다. 그날의 목표달성을 위해 매일 전력을 다하는 것이 중요하다. 일단 한 달 해보고, 그 다음은 1년간 계속해 본다. 한 10년을 계속하면 처음에 상상도 못했던 지점까지 나아갈 수 있다. 하루를 '사는 단위'로 해서 그 하루하루를 성심성의껏 살아가며, 현명하게 일하라. 매일 꾸준한 준비가 인생의 왕도다.

31 꿈을 상상한다

나이가 얼마를 먹든 꿈을 말하고, 밝은 미래의 모습을 상상하는 인간으로 살고 싶다. 꿈을 품지 않는 사람에게 '성공'이 주어지지 않는다. 인간적인 성장도 없다. 왜냐하면 꿈을 꾸고 창의적 생각을 하고 노력을 쌓아가면서 인격이 다듬어지기 때문이다. 그런 의미에서 '꿈'을 통해 인생은 도약할 수 있다.

4장
전자왕국 소니, 회생할 수 있을까

일본의 자랑, 소니의 침몰

　일본의 자랑인 '전자왕국' 소니가 무너지고 있다. 1950~90년대 초반까지 일본의 초고속 경제성장을 견인했던 소니가 2011년까지 4년 연속 적자라는 참담한 실적을 냈다.

　일본경제주간지 〈다이아몬드〉는 2012년 2월 4일자에서 "전설의 소니는 이제 없다"며 "앞으로도 다시 일어나기 힘들 것"이라고 보도했다. 기사 제목은 '굿바이 전설의 소니, 왜 애플이 되지 못했나'였다. 이 잡지는 '기술의 소니'가 기술을 버려 성장 동력을 잃었다고 지적했다. 또 지나친 사업 다각화로 정체성마저 흔들리고 있다고 전했다. 하워드 스트링거가 최고경영자가 된 후 비전문가들이 득세한 것도 문제점으로 꼽았다.

　〈니혼게이자이신문〉도 2012년 1월 말 "소니는 2008년 이후 4년 연속 적자를 기록할 전망"이라고 전했다. 한때 세계 시장에서 도전자가 없던 TV 부문은 8년 연속 적자를 기록했다. 이런 실적 부진은 '기술의 소니'가

새로운 신기술 개발을 제대로 하지 않으면서 시작됐다. 1994년 '독립채산제'를 도입한 게 시발점이다.

독립채산제는 각 사업부가 별도 독립회사처럼 운영되는 것이다. 사업부 간 경쟁의식을 높이고 유연성도 강화하겠다는 취지였다. 하지만 이 제도는 오히려 역효과를 냈다. 사업부들은 각자의 이익만을 추구하고 기술공유를 꺼렸다. 자신들이 연구개발비를 투입한 기술에 대해 다른 부서가 사용하지 못하도록 하는 일도 발생했다.

스티브 잡스는 생전에 "독립채산제 때문에 소니는 애플이 되지 못했다"고 지적했다. 잡스는 "사업부문 간 제휴가 제대로 이뤄지지 않아 시너지 효과가 나타나지 않았으며 이를 통합 운영하는 컨트롤타워도 없다"고 평가했다.

자사제품 간 잠식현상도 소니의 딜레마로 작용했다. 〈다이아몬드〉는 "소니는 음악사업이 타격을 받을까봐 음악공유 시스템 구축을 꺼렸다"고 설명했다. CD와 레코드를 판매해 얻는 수익이 줄어들 것을 우려해 애플 아이튠즈 같은 생태계를 조성하지 못했다는 지적이다.

자사제품 간 시장이 겹쳐 서로를 잠식하는 것을 두려워해 새로운 트렌드를 쫓아가지 못한 셈이다. 그래서 소니는 '혁신'보다는 기존 제품을 '개선'하는 데만 집중했다는 게 업계전문가들의 분석이다. 실적 악화는 기술자 해고로 이어지면서 기술력 저하를 가져왔다.

2005년 취임한 하워드 스트링거 CEO는 지속적으로 엔지니어들을 해고했다. 연구소 규모를 줄이고 개발비용도 축소했다. 당연히 회사를 떠나는 인재가 늘어났다. 기술을 경시하는 회사에선 미래가 보이지 않는다고 판단한 것이다. 〈다이아몬드〉는 "한국의 삼성, LG 등으로 소니의 인재들이 빠져나가고 있다"고 지적했다.

외국인 최초로 소니 CEO에 오른 스트링거는 회사 상황을 더욱 악화시켰다는 평가를 받고 있다. 그가 취임한 이후 '외국인 부대'들을 감싸면서 문제가 더 커졌다는 지적이다. 스트링거는 구원투수로 등판했지만 취임 후 최근까지 소니의 시가총액은 절반 이하로 줄었다.

스트링거 회장 재직 당시 누수 현상은 곳곳에서 발생했다. 2011년 5월 해킹사고가 발생했을 때 소니네트워크엔터테인먼트인터내셔널SNEI 회장인 팀 샤프는 회견 장소에 나타나지도 않았다. 정보시스템 담당인 조지 베이리도 책임을 지지 않았다. 〈다이아몬드〉는 "스트링거는 외국인 간부들의 잘못을 무조건 덮어줬다"고 비판했다.

사외이사가 지나치게 많은 것도 단점으로 지적됐다. 이사 15명 가운데 13명이 사외이사다. 이들은 전문성이 떨어져 소니의 사업 전반을 이해하기엔 역부족이라는 평가다. 사외이사들 대부분은 해외에 있어 화상회의에만 참석하는 정도다.

무리하게 인수합병M&A을 추진하는 과정에서 소니의 정체성을 상실한 것도 문제였다. 소니는 1989년 미국 컬럼비아픽처스엔터테인먼트를 사들여 영화사업에 뛰어들었다. 유니버설 스튜디오도 매입했다. 음악, 영화와 같은 엔터테인먼트 콘텐츠를 대거 확보하겠다는 전략이었다. 하드웨어와의 시너지 효과를 기대한 것이다. 하지만 M&A에 거액의 자금만 써

버리고 재무상황이 악화됐다. 회사의 정체성마저 모호해졌다는 비판을 받고 있다.

〈다이아몬드〉는 "전자, 영화, 금융에 이르기까지 손을 대지 않는 부분이 없을 정도지만 제대로 수익을 내지 못하고 있다"고 분석했다. 소니가 총체적인 경쟁력 저하로 심각한 생존위기에 처했다는 결론이다.

잘 알려진 것처럼 소니에서 세계 최초로 개발한 제품이 많다. 워크맨과 플레이스테이션 등 세계인이 즐겁게 사용하는 물건을 미국이 아닌 나라에서 처음 만들어 낸 업체가 바로 소니였다. 기술의 소니는 이대로 주저앉을 것인가. 세계인의 이목이 집중되고 있다.

소니의 추락, 누구의 책임인가

소니 추락의 책임에 대해 해석이 분분하다. 소니의 쇠락은 1990년대 중반 이데이 노부유키 회장 재직 당시부터 시작됐다. 전성기의 자만에 빠져 미래에 대한 기술개발과 투자를 게을리했다는 분석이다.

기업 평론가인 다테이시 야스노리 씨는 이데이 회장과 스트링거 회장이 소니를 망친 주범이라고 주장한다. 소니를 제치고 세계 IT업계 정상에 올라선 한국의 삼성전자에도 시사하는 바가 적지 않다.

소니의 전신은 1946년 설립된 도쿄통신공업이다. 이 회사는 1950년 11월 '소니'로 사명을 변경했다. 시대를 앞서가는 독창적인 신제품 개발로 승승장구했던 소니의 총 직원은 창업 당시 20여 명에서 1990년대 중반 13만 명까지 불어났다. 자회사 수도 900개를 넘어 거대 그룹으로 성장했다. 매출은 4조 엔에 달했고, 70% 이상이 엘렉트로닉스 부문에서 나올 만큼 전자왕국으로 이름을 날렸다.

아이러니하게도 소니의 비극은 전성기인 1995년 시작됐다. 1995년 3월 임원진의 말석에 있던 이데이 노부유키는 선배 임원 14명을 제치고 소니의 새로운 사장에 발탁돼 세계적인 화제가 됐다. 당시 후임 사장을 발표하는 기자회견장에서 오가 노리오 사장은 "기술과 소프트웨어를 이해하는 사람을 후계자로 선임했다"고 설명했다.

이데이 사장의 취임 이후 소니는 별다른 히트 상품을 내놓지 못했다. 이데이의 최악의 경영 판단은 후임 CEO로 외국인인 하워드 스트링거를 뽑은 것이다. 당시 내세운 명분은 글로벌화와 소니의 소프트화였다. 하지만 결과적으로 이데이의 판단은 빗나갔다. 관련 업계에선 소니의 전성기에 경영을 맡은 이데이와 후임 스트링거가 전자왕국 소니를 무너뜨린 주범으로 지목하고 있다.

이데이는 실적 급락과 주가 하락이 동시에 진행된 2003년 '소니 쇼크' 이후 회복의 계기를 찾지 못했다. 스트링거는 이데이 등 전임임원의 대부분이 실적 부진의 책임을 지고 퇴진한 2005년에 취임했다.

7년 전 소니의 사령탑을 맡은 스트링거는 이데이 사장 통치기간 중 만들어진 비효율적인 조직의 개혁에 나섰다. 창업 후 고성장을 질주하면서 타성에 빠진 수직적 조직에 메스를 가하는 일이었다.

스트링거는 경영진 간 노선 대립과 하드웨어에 편중된 사업이 소니의 경쟁력을 떨어뜨리는 것으로 판단했다. 스트링거는 일본제조업이 기반인 '하드웨어 소니'와 미국의 영화 비즈니스를 중심으로 한 '콘텐츠 소니'를 융합하려고 시도했다. 스트링거는 기회가 있을 때마다 '소니 유나이티드(소니는 하나)'를 외쳤다.

스트링거의 개혁도 결국 실패했다. 소니는 2011회계연도에 엘렉트로닉스 부문의 부진에서 벗어나지 못해 4년 연속 최종 적자를 냈다. 시가총액은 전성기의 20분의 1수준까지 쪼그라들었다. 외국인으로서 첫 최고경영자에 오른 스트링거는 일본기업의 미국화에 성공하지 못한 셈이 됐다.

스트링거 경영 실패의 가장 큰 원인은 조직을 장악하지 못한 것이라고 소니 전문가인 다테이시 야스노리 씨는 분석했다. 그가 경영을 맡은 뒤 미국에서 데려온 외국인 경영진과 일본인 경영진 간 알력설이 끊임없이 흘러나왔다.

소니왕국의 주력이던 엘렉트로닉스 부문은 코스트 절감을 이유로 지속적인 구조조정이 추진됐다. 기술자 유출은 세간에서 얘깃거리조차 되지 않을 정도였다. 소니BMG를 완전 자회사로 만드는 등 음악 콘텐츠에 대한 거액의 투자를 계속했으나 소니가 콘텐츠 회사로 성공했다는 평가는 받지 못했다. 제조회사를 콘텐츠 중심회사로 만들려던 스트링거의 개혁은 결국 실패로 막을 내렸다. 80여 년의 소니 역사상 최초의 외국인 경영자의 혁명은 좌절됐다.

소니의 회생, 젊은 사장에 달렸다

"소니의 핵심 사업은 옛날이나 지금이나 TV다. TV사업을 회생시키기 위해 과감한 개혁을 단행하겠다." 소니의 차기사장 겸 최고경영자로 내정된 히라이 가즈오平井一夫, 51세 씨는 2월 중순 〈니혼게이자이신문〉과의 인터뷰에서 향후 사업비전의 일단을 내비쳤다.

2012년 4월 사장에 취임한 그는 TV사업 강화를 경영의 최우선 과제로 삼겠다고 밝혔다. 소니의 TV사업 부문은 8년 연속 적자를 기록하고 있다. 현지 언론들은 "소니가 초심으로 돌아가 TV사업 실적 개선에 모든 역량을 집중하기로 했다"고 전했다.

히라이 사장은 "장기부진의 늪에 빠진 TV사업을 2년 뒤 흑자로 전환시켜 놓겠다"며 "2011년 말 한국 삼성전자와의 LCD액정표시장치 합작을 정리하면서 패널의 조달비용 감소가 가능해져 흑자를 낼 수 있을 것"이라고 말했다. 그는 평판TV LCD, PDP의 해상도와 음질 등을 향상시켜 경쟁사 제품과 차별화하겠다고 덧붙였다.

소니는 또 'OLED발광다이오드 TV'를 다시 판매하는 방안도 검토 중이다. OLED TV는 2007년 소니가 세계에서 가장 먼저 출시했다가 시장성이 떨어져 철수했던 제품이다. OLED TV를 차세대 제품으로 개발해 시판을 준비 중인 한국의 삼성전자, LG전자 등과 정면 승부에 나서겠다는 것이다. 히라이 사장은 "OLED TV의 시장 수요를 예측해 가까운 시일 내에 제품을 내놓겠다"고 강조했다.

'미국 애플 등 새로운 경쟁자들과는 어떻게 상대할 것이냐'는 질문에 대해선 "확실히 말해 기묘한 대책은 없다"며 "고객이 즐거워하는 상품을 개발할 수밖에 없다"고 말했다.

소니는 2006년 삼성전자에 세계 TV시장 1위를 내줬으며 8년간 엄청난 규모의 적자에 시달리고 있다. 그룹 전체도 2012년에 2,200억 엔의 순손실을 기록하는 등 4년 연속 적자 행진을 이어가고 있다. 니혼게이자이 등 현지 언론은 "전임 하워드 스트링거 CEO가 망쳐놓은 TV사업을 히라이 사장이 회생시킬 수 있을지가 업계의 가장 큰 관심"이라고 말했다.

소니 역사상 최연소 CEO가 된 히라이의 평판은 나쁘지 않다. 엘렉트로닉스 사업에서 인정받은 실적은 없지만 영어를 잘하고, 사람 얘기를 잘 듣는 등 포용력이 뛰어나다는 평을 듣고 있다. 하지만 이런 자질만으로 이데이와 스트링거 등 2대째 실패한 소니의 개혁을 실현할 수 있을까. 쉽지는 않을 것이다.

미국 경영학자 짐 콜린스는 1990년대 베스트셀러인 《비저너리 컴퍼니》를 통해 '소니'를 대표기업으로 뽑았다. 그가 소니를 대표주자로 선정한 배경은 장기간에 걸쳐 성공해온 소니의 조직과 사업 방식이 있기 때문이라고 설명했다.

콜린스는 또 비저너리 회사 가운데 모토로라와 휴렛팩커드를 쇠퇴사례로 꼽았다. 모토로라는 회사의 분할 및 매각, 휴렛팩커드는 경영 혼란이 지속되고 있다는 점을 이유로 제시했다. 콜린스가 책을 출간할 당시 소니는 전성시대를 구가하고 있었다. 하지만 십수 년이 지나면서 소니는 경쟁력을 잃고 쇠락을 길을 걸었다. 콜린스가 다시 책을 쓴다면 소니를 쇠퇴 사례의 대표기업으로 꼽을지도 모르겠다.

정체와 혼란이 이어지는 소니의 운명은 이제 51세의 젊은 경영자의 손으로 넘어갔다. 히라이가 소니를 위기에서 구해낼 수 있을지 글로벌 IT업계의 이목이 집중되고 있다.

소니의 추락은 회사가 가장 잘나갈 때 더욱 긴장해야 하며, 미래에 대비해야 한다는 점을 일깨워준다. 한 번의 판단 미스가 거대기업을 망가뜨린다는 점도 깊이 인식해야 할 것 같다. 소니의 실패는 글로벌 시장에서 정상에 오른 우리나라의 삼성이 타산지석으로 삼을 만하다.

5장
일본을 알면
일본기업이 보인다

일본인의 DNA

지구상에서 '한국인'과 가장 닮은 사람은 어느 나라에 있을까? 우리나라 사람과 가장 비슷하게 생긴 사람이 '일본인'이라는 주장에 큰 이견은 없는 것 같다. 육지로 붙어 있는 중국보다 바다로 이웃한 일본에 한국인과 닮은 사람들이 많다는 것은 신기한 일이다.

그래서 한국 내에선 '일본인'의 뿌리가 '한국인'이라는 주장이 많다. 특히 독도를 둘러싼 영토분쟁이나 역사교과서 파동 등으로 한일 간 감정의 골이 깊어질 때면 '조상도 못 알아보는 ○○'라고 비난하는 사람들도 꽤 있다.

일본왕 등 왕족의 조상이 '한국계'라고 주장하는 한국학자들도 많다. 일본 사람들이 아무리 큰소리를 친다 해도 그들의 뿌리가 '한국인'이란 자부심의 표시다. 일본인들의 조상이 한국에서 왔음을 보여주는 역사적 유물도 상당하다.

2000년대 중반 일본에서 근무할 때 우리나라 사람들과 비슷하게 생긴 사람들이 참 많다는 생각을 하곤 했다. 몸집이나 골격, 머리카락 등이 한국인과 꼭 같은 사람들이 눈에 띈다. 하지만 피부색, 골격 등이 서양인처럼 생겼거나 필리핀 등 동남아인 같은 사람도 많아 일본인의 뿌리에 의문을 가진 적이 있다.

일본열도에 인류가 정착하기 시작한 시기는 약 4만 년 전 구석기시대로 추정된다. 아직까지 구석기인의 화석이 발견된 적은 없다. 전문가들의 의견을 종합해 보면 현대 일본인은 유전학적으로 크게 3개 인종으로 구성됐다는 의견이 지배적이다. 일본 본토인으로 알려진 아이누족과 남방계(폴리네시아 · 동남아 이주민), 북방계(몽골 · 중국 · 한반도 이주민) 등 세 갈래로 나눌 수 있다.

학자인 하니하라 가즈로 씨는 일본인종을 크게 조몬인과 야요이인 계통으로 나눴다. 조몬인은 동일본이나 서남일본에 많고, 야요이인은 북규슈에서 긴키 지역에 높은 분포를 보이고 있다.

긴키(교토 오사카 나라 지역)에서 홋카이도에 걸쳐 현대인의 형질을 따져보면 북쪽으로 갈수록 조몬인의 특징이 단계적으로 높아진다. 조몬토기시대의 인골은 지금까지 만구 이상 발견됐다.

DNA를 이용한 유전학 연구로 복원된 조몬인의 모습은 '각지고 보통보다 짧은 얼굴, 탐스러운 귀, 진한 눈썹에 열이 고르나 작은 치아, 아랫입술이 윗입술보다 나온 입과 다부진 골격'이 특징이다. 구석기시대에서 조몬토기시대에 걸쳐 일본열도에 살았던 종족은 남방계일 가능성이 크다는 게 전문가들의 중론이다.

원주민인 아이누족은 흰 피부에 털이 많고 뚜렷한 이목구비를 가진 신체적 특성을 갖고 있다. 백인이라는 주장도 있지만 유전자 분석 결과 황인종의 한 갈래임이 확인됐다.

이에 비해 야요이인은 얼굴이 길고 평평하며 큰 키가 특징이다. 야요이 시대에 나타난 이들은 북쪽의 한랭한 기후에 적응한 집단으로 대륙으로부터 이주한 종족일 가능성이 크다.

한국인의 후예도 상당히 섞여 있을 것이다. 이들이 일본열도 중심에 뿌리를 내리면서 고대 일본지역에 자리를 잡았던 조몬인은 점차 주변 지역으로 밀려났다는 게 정설이다.

하지만 이러한 분류는 종족적인 분류에 지나지 않는다. 세계 어느 나라를 막론하고 수천 년 이상 살아오는 과정에서 다양한 종족들이 뒤섞이기 마련이다. '일본인' 역시 유전자나 형질로 결정되는 게 아니라 문화적, 의식적으로 만들어지는 것이다.

1990년대에 공산주의가 붕괴된 뒤 경제적 이해관계를 중심으로 국가 간 대립은 더 심화되는 양상을 보이고 있다. 이데올로기가 사라진 뒤 각국은 더 잘살기 위한 생존경쟁을 펼치고 있다.

일본인의 조상이 한반도에서 건너갔다는 인종적 주장보다는 경제적, 과학기술적으로 일본을 앞서는 수준으로 발전하는 게 더 중요하다. 진정한 극일克日은 인종적인 편견이나 주장이 아니라 '국부'의 크기에서 나오기 때문이다.

한국인과 일본인의 차이

기록을 중시하는 일본인들

일본에 근무하던 2000년대 중반 한신대지진 10년을 맞아 지진 발생 현장을 취재한 적이 있다. 우리나라에선 '한신대지진'으로 알려졌지만, 일본에선 '효고현 남부지진'으로 불린다. 한신阪神은 오사카大阪와 고베神戶의 일본 한자 지명에서 따온 명칭이다.

1995년 1월 17일 오전 5시 46분에 발생한 한신대지진은 아와지섬 북부를 진원지로 발생한 매그니튜드 7.2의 강진이었다. 당시 공식 사망자는 6,433명이었으며, 부상자는 4만 3,792명이었다.

지진으로 인해 집을 잃고 임시 거처로 피난한 주민만도 31만 6,678명에 달해 1923년 도쿄에서 발생했던 관동대지진 이후 최악의 피해를 냈다. 물론 2011년 3월 11일 발생한 동일본대지진은 피해가 훨씬 더 커 기록이 깨졌다. 효고현 남부지역에 피해가 집중돼 고베시의 경우 사망자만 4,500명을 넘었다.

지진 진원지로부터 가장 가까운 마을인 아와지섬의 호쿠단초를 방문했다. 호쿠단초에는 지진으로 인해 단층이 생겼던 지역을 그대로 보존한 '호쿠단초 지진기념공원'이 있다.

지진 발생 4년 만에 만든 지진기념관은 지진현장에 만들어진 세계에 하나밖에 없는 박물관이다. 단층으로 끊긴 도로와 무너진 집, 그리고 피해를 입은 사람들의 모습이 그대로 남아있어 지진을 연구하는 학자들에게 귀중한 자료가 되고 있다.

  기념관을 운영하는 주체도 정부기관이 아닌 주식회사다. 처음 만들어질 당시 중앙정부와 지방자치단체의 지원을 받았으나 지금은 민간에서 운영하고 있다.

  대부분의 박물관들이 적자를 내고 있는 것과는 달리 개관 이후 매년 방문객들이 늘어 흑자를 거두고 있다. 세계적으로 지진에 대한 관심이 높아져 관람객 수가 하루 평균 1,000명을 넘는다.

  한국말로 된 안내 팸플릿이 있을 정도로 한국인 방문객들도 꽤 있다. 매년 한신대지진 발생일에 세계 각국의 지진 전문가들을 모아 국제학술대회도 개최하고 있다. 비즈니스에 뛰어난 일본인들이지만 지진 발생지역까지 박물관으로 만들어 연구자료로 제공하고 관광상품화하는 사실은 큰 충격이었다.

  지금도 우리나라 사람들이 대지진 당시 생생하게 기억하는 장면 중 하나가 고베 시내를 관통하는 한신고속도로의 무너진 모습이다. 현재 고속도로는 더욱 튼튼하게 재건됐고 절반 이상 파괴됐던 시내의 빌딩과 집들도 완전 정상화됐다.

  지진현장에서 엄청난 자연의 힘 앞에 인간이 얼마나 연약한 존재임을 새삼 느꼈다. 지난해 3·11 동일본대지진 현장취재 때도 마찬가지였다. 고베의 경우 지진 전 151만 명이던 인구가 지진 발생 직후 희생자 가족들이 도시를 떠나 한때 15만 명 이상 줄어들기도 했다. 그러다가 10여 년이 지나서야 예전 인구를 회복했다.

고베시는 대지진 발생 후 10개년 복구 계획을 세워 희생자 수습부터, 유가족 지원, 도시 재건에 이르기까지 도시 재생프로그램을 실시했다. 매뉴얼과 계획에 따라 움직이는 일본인들의 철저함은 지진피해 복구과정에서도 그대로 드러난다. 도시 정상화에만 10년을 투자했다. 2011년 3월 발생한 동일본대지진의 경우 완전 복구까지 20, 30년은 족히 걸릴 것으로 예상된다.

일본은 대지진으로 많은 인명과 재산피해를 입었다. 후쿠시마 원자력발전소의 방사능까지 누출된 2011년 대지진 피해는 더 크다. 사망 및 실종자만도 2만명이 넘는다. 그러나 일본들은 초대형 자연재해로부터 항상 교훈을 얻고 있다. 바로 철저한 피해 분석과 재발 방지대책을 만들고 있다. 피해의 경험을 기록을 통해 보존한다.

일본인들의 이런 습성은 기업 경영에서도 나타난다. 일본 기업들은 실패에서 교훈을 얻고 있다. 그래서 일본의 경제발전 역사를 '기록문화' 때문이라고 풀이하는 경제 전문가들도 많다. 작은 정보 하나하나를 엮고 쌓아올려 부가가치를 높여가는 일본인의 생활 양식이야말로 한국 기업들이 배워야 할 대목이다.

다시 찾아본 고베

2011년 11월 말 고베시에 다녀왔다. 고베는 일본서부 최대도시인 오사카에서 기차로 30분 정도 걸리는 곳이다. 1800년대 후반 일본에서 가장 먼저 서양에 개항한 도시여서 사람들의 성향이 개방적이고 진취적이다.

일본에서 젊은 신혼 부부들이 가장 살고 싶어 하는 3대 도시에 들어갈 정도로 고베는 풍광이 무척 아름답고 사회 인프라도 잘 갖춰져 있다. 고베와 함께 삿포로, 센다이 등이 젊은이들이 가장 선호하는 3대 지방 도시로 꼽힌다.

필자는 2002년 1년간 고베시에서 어학 연수를 했다. 개인적으로 친하게 지내는 지인이 고베 류츠대학(유통과학대학)에서 교수를 하고 있어 비지팅 펠로우십을 받을 수 있었다.

당시만 해도 고베는 1995년 한신대지진의 후유증에서 완전히 벗어나지 못해 분위기가 매우 가라앉아 있었다. 도시 곳곳에 지진 잔해가 남아 있었다. 일본어 회화도 제대로 못해 슈퍼에서 물건 사기가 겁이 날 정도로 어려움을 겪었던 기억이 있다.

첫 일본생활을 회상하면서 당시 살았던 동네를 찾아가 보았다. JR 효고역에서 걸어서 10분 정도 걸리는 곳에 위치한 시영주택이다. 20평 정도의 조그마한 일본 집은 변함없이 그대로 있었다. 구멍가게, 이발소, 목욕탕, 찻집, 동네 도서관 등 모든 것이 10년 전과 하나도 달라지지 않은 모습이었다.

일본의 지방도시, 특히 주택가에 들어가 보면 시간이 멈춰져 있다. 수도 도쿄에 살 때도 자주 느꼈던 감정이다. 일본에 갈 때마다 일본은 아직도 시간이 매우 느리게 가는 나라라는 생각을 하게 된다.

당시 신세를 졌던 재일교포와 일본인 교수들과 만나면서도 그런 느낌을 또 받았다. 이들과 저녁에 만나 술을 마시면서 일본의 소니, 도요타자동차가 한국의 삼성, 현대기아차에 '마케마시다(졌습니다)'라고 연방 칭찬을 들어야 했다. 그들은 진정으로 한국 기업과 한국인을 치켜세웠다.

한편으론 가슴 뿌듯했고 또 한편에선 쓸쓸했다. 우리가 그토록 앞서고 싶었던 일본과의 경쟁에서 많은 부문에서 따라잡은 것은 사실이다. 일본 사람들로부터 칭찬을 받을 정도로….

하지만 오늘날 우리나라에서 주위의 친인척, 지인, 친구들을 만나 보면 그렇게 행복해 보이지 않는다. 스스로 행복하다고 얘기하는 사람도 거의 없다. 모두가 살기 어렵다고 한다. 원인은 무엇일까?

시간이 너무 늦게 가는 일본 사람과 비교해 우리는 너무 빠르게 앞만 보면서 달려가기 때문이 아닐까 하는 생각을 해본다. 이젠 우리도 외형 지상주의, 목표 지상주의에서 벗어날 때가 되지 않았을까. 돌아가신 법정 스님의 말씀처럼 다른 사람과 너무 비교하며 살아서 스트레스를 많이 받는지도 모르겠다.

조금은 느리게 가는 나라, 한번쯤은 뒤도 돌아보고 정체 상황을 받아들일 수 있는 '여유'를 갖지 않는 이상 모두를 행복하게 만드는 '묘약'은 없다. 10년 전 살았던 옛 일본 동네를 찾아본 뒤 문득 그런 생각을 해봤다.

글로벌 경제위기와 경기침체가 이어지는 오늘날의 한국사회에 필요한 것은 경제와 정치를 살릴 '신비의 묘약'이 아니다. 그런 처방전은 어디에도 없을 것이다. 2012년 대통령 선거에서도 이런 문제를 해결해 줄 수 있는 유능한 지도자가 갑자기 나타나긴 어려울 것 같다.

정답은 20년째 장기불황을 겪고 있는 '일본인'들의 인내심인지도 모르겠다. 2011년 3월 사상 초유의 동일본대지진을 겪은 일본인들은 어려움 속에서도 꿋꿋히 잘 살고 있다.

꽃을 좋아하는 일본인들

일본인은 정말 꽃을 좋아하는 국민이다. 일본의 조그마한 주택가 골목길에도 꽃가게들이 많다. 세계에서 가장 고령화가 빠르게 진행 중인 일본의 정년퇴직자들이 이상적으로 꼽는 여생은 대도시 변두리나 시골로 내려가 꽃을 가꾸며 사는 것이다.

일본인들은 벚꽃사쿠라을 가장 좋아한다. 매년 3월만 되면 일본 TV 방송 뉴스의 일기예보는 한국과 크게 다른 게 하나 있다. 일본 표현으로 '사쿠라 전선'이라고 한다. 국토가 넓지는 않지만 동서로 길기 때문에 지역별로 벚꽃의 개화시기를 알려 주는 것이다. 일본의 보통 사람들은 봄의 전령으로 사쿠라 개화 소식을 기다리고 또 기다린다.

일본인들은 평소 남들 앞에 나서기를 주저하고, 상대방에게 작은 피해라도 끼치는 것을 조심한다. 그러나 벚꽃이 피면 어김없이 꽃이 피는 나무 밑에서 직장 동료나 가족 단위로 모여 밤늦도록 술을 마시고 떠들며 논다. 일본을 방문하려면 아무래도 봄이 가장 좋다.

일본을 배경으로 하는 영화를 보면 벚꽃이 많이 등장한다. 10여 년 전 한국에서 대히트했던 〈라스트 사무라이〉에서도 주인공 사무라이는 벚꽃이 흩날리는 가운데 희열에 찬 모습으로 죽어간다. 일본인과 '사쿠라'의 심정적 관계를 잘 표현한 장면 중 하나다.

1년을 기다렸다가 불과 일주일 정도만 활짝 핀 뒤 하룻밤 사이에 갑자기 떨어져 버리는 '사쿠라'의 미학. 일본인들은 작은 섬나라에서 짓눌려 살다가 어느 날 갑자기 벚꽃처럼 활짝 피기를 고대하는 숙명을 가지고 있는 지도 모른다.

최근 역사교과서와 영토문제를 둘러싼 한국과 일본, 중국과 일본의 대립을 보면서 '사쿠라'와 '일본인'을 생각하게 된다. 분명 일본에선 우익 세력의 목소리가 커지고 있는 게 사실이다. 70여 년 전 제2차 세계대전의 패전과 함께 숨죽였던 보수우익 세력이 다시 일어나고 있다.

지난 역사를 되돌아보면 일본의 힘이 넘치고 국운이 고조됐을 때면 어김없이 아시아 지역에서 분쟁이 발생했다. 21세기 세계경제의 주역이 되고, 세계역사를 리드해야 할 아시아 삼국 간의 갈등은 누구에게도 도움이 되지 않는다. 특히 경제와 산업계에선 한중일 삼국 간 협조가 꼭 필요하다. 유럽연합EU처럼 말이다.

아시아 삼국의 양식 있는 시민들이 힘을 모아 슬기롭게 북동아시아의 갈등을 풀어나가야 할 책임이 있다. 아시아가 지역분쟁으로 더 이상 세계에서 낙오되는 일이 결코 있어서는 안될 것이다. 아시아인을 위해서나 세계 평화를 위해서도 '아시아인의 단결'은 반드시 필요하다. 일본인들의 진정한 반성과 화해 노력도 반드시 필요하다. 그래야 한일이 함께 앞으로 전진할 수 있다.

일본경제의 경쟁력은 지방에 있다

일본인들은 한자 '국國' 자를 '쿠니' 또는 '고쿠'로 읽는다. 우리나라 사람들은 '국' 하면 국가를 먼저 떠올린다. 그러나 일본인들은 좀 다르다. '쿠니'라고 하면 나라보다는 자신이 태어난 고향을 뜻하는 경우가 많다. 같은 일본인들끼리 대화를 할 때 '쿠니'가 어디냐고 물으면 고향을 묻는 말로 통용된다.

실제 1868년 메이지유신 전만 해도 일본인들 사이에 국가 개념은 거의 없었다. 자신이 살고 있는 지역 영주가 최고 권력자이며, 영주의 권한이 미치는 땅이 자신의 나라였던 셈이다.

요즘에도 지방에 사는 일본인 중에선 현(한국의 도) 정도를 자신이 속한 공동체의 최상위 개념으로 알고 있는 사람이 많다. 특히 시골로 내려갈수록 이런 경향이 강하다. 지방 주민을 만나보면 자신이 살고 있는 현이나 섬 밖으로 평생 한 번도 안 나가 본 사람도 꽤 있다.

세계 3대 경제대국으로 돈 많은 일본인이지만 의외로 세상에 대해 무관심해 깜짝 놀란 적이 많다. 일본인들이 중앙정치에 관심이 적은 것도 지역 중심의 일본인 기질 때문인지도 모르겠다.

대신 일본인들은 자신의 고향이나 지역에 대한 애착이 강하다. 지방으로 갈수록 지자체 중심의 공동체 의식이 강해 주민들의 삶과 직결돼 있다는 것을 느낄 수 있다.

지역 중심은 대학에서도 나타난다. 한국의 경우 많은 사람들이 대학은 서울에서 나오려고 한다. 국립 서울대학 및 서울 소재 유명 사립대학과 지방대학 간 격차도 크다. 그러나 일본은 조금 다르다. 도쿄대학이 압도적으로 인기가 높지만 간사이(서부지역) 사람들은 교토대학을 더 인정해준다. 간사이 주민들의 자존심인지도 모르겠다. 교토대학 외에 오사카, 도호쿠, 규슈 등 지역 중심의 훌륭한 국립대학이 많다.

지방에서 활동하는 기업가들도 예외는 아니다. 크고 작건 간에 자신의 고향이나 지방에 회사를 운영해 주민들에게 일자리를 제공해 주는 데 대해 큰 자부심을 갖고 있다. 일본 기업들의 기초가 튼튼한 이유다.

일본의 주요 4개 섬 중 가장 작은 시코쿠의 시골 마을에서도 이런 사업가들을 만난 적이 있다. 일본 최대 서양란 생산업체인 가와노 메리클론의 가와노 사장은 40년간 난 개발에 매달려온 전문가다. 그는 자신의 고향인 도쿠시마에 난 농원과 생산기지를 만들어 1백여 명의 지역 주민에게 일자리를 제공하고 있다. 자신이 좋아하는 일을 평생하면서 동네 주민들에게 고소득 일자리를 만들어 주는 데 대해 긍지를 갖고 있다.

도쿠시마시에서 산골로 1시간 반 가량 들어간 산골마을에서도 지역 주민을 위해 애쓰는 중소 기업가를 만났다. 주식회사 이로도리의 요코이시 사장이다. 50대 중반인 요코이시 사장은 농촌 벤처 기업가다. 30여 년 전 산촌에 몰아닥친 한파로 귤나무가 전멸하자 주민들의 생계를 위해 새로운 비즈니스를 만들어 냈다. 바로 '나뭇잎 비즈니스'다.

한국에서도 고급 일식집의 경우 생선회나 요리를 꽃이나 잎으로 장식한다. 이런 꽃과 잎을 생산해 고급 식당이나 호텔 등에 공급해 돈을 버는 회사다. 일본 1위 업체로 전국시장을 장악하고 있다.

흔히 일본의 경우 도시보다 시골이 살기 좋다는 말을 많이 한다. 시골을 찾아봐야 일본이 정말 풍족한 나라임을 알 수 있다. 도쿄나 오사카만 가보면 한국의 서울과 큰 차이를 발견하기 어렵다.

일본의 시골은 물가가 싼데다 자연환경이 좋아 도시생활보다 여유가 있다. 자신이 태어난 지역에 애정을 갖고 끊임없이 지역발전을 위해 애쓰는 사람들이 많기 때문일 것이다.

일본 경제와 기업의 저력은 지역을 사랑하는 '향토 정신'이라는 점을 느낄 수 있다. 지방이 부유하고 튼튼해야 국가 전체가 강해진다. 고향에서도 훌륭한 삶을 살고 있는 일본인들이야 말로 일본 국력의 바탕이다.

성공 기업인, 유니크로 회장의 고언

요즘 일본에서 가장 잘나가는 기업 중 하나가 유니크로를 운영하고 있는 '패스트리테일링'이다. 우리나라에도 진출해 여성 소비자들로부터 대인기를 얻고 있는 의류패션 업체다. 일본에서 근무할 당시 유니크로를 이끌고 있는 야나이 타다시 회장을 취재한 적이 있다. 야나이 회장은 전형적인 일본 기업가다.

야나이 회장이 최근 일본의 경제주간지 〈다이아몬드〉와의 회견에서 자신의 성공비법을 공개했다. 사업에 관심 있는 사람이라면 한번쯤 음미할 만한 내용이다.

Q 과거 경영난에 빠진 시기도 있었는데 실적이 호조를 보이고 있다. 배경이 뭔가.

A "일상의 영업 상황을 임직원 전원이 꿰뚫고 있기 때문이다. 예전에 비해 사원 모두 주의력과 집중력이 강해졌다. 감각적인 센스가 아니라 숫자로 분석해 현장의 의견을 듣고 거기서 계획을 만들어 다시 수정한다. 이런 과정들이 회사의 경쟁력을 높이고 있다. 그리고 소매유통업에서 가장 중요한 것이 '현장'이다. 문을 열어둔다고 손님이 찾아오고 물건이 팔리지는 않는다. 현장 상태를 충분히 파악하여 조금이라도 문제가 있다고 판단되면 즉각 수정해 나가고 있다. 이런 작은 것 하나하나가 소매유통업이다."

Q 그게 가능해진 이유는 뭔가.

A "물론 내가 현장에 복귀했기 때문이다."

Q 역시 톱다운식 경영이 성과를 낸 것인가.

A "아니다. 그게 오해를 불러일으키고 있다. 톱다운식이라고 다 되는 것은 아니다. 나는 시간의 절반 이상을 업무 조정에 쓰고 있다. 내가 중심이 되어 계획을 검증하고 수정해야 할 것은 수정한다. 모든 회사가 열심히 장사를 하고 있지만, 우리 회사가 잘 되는 것은 남들보다 더 '철저히' 하고 있다는 점이다."

Q 소비자가 유니크로에 기대하는 것은 질 좋은 제품을 놀랍도록 싼 가격에 살 수 있다는 점인데.

A "유니크로는 매년 비슷한 제품을 만들고 있으나 조금씩 더 나아지도록 하고 있다. 우리 회사는 제조 소매업이기 때문에 고객들의 반응을 보고 매장의 판매원이나 점장의 의견을 듣고 제조에 도움이 되도록 반영한다. 따라서 올해 상품보다 내년 상품이 더 좋다. 내가 항상 직원들에게 '맥주 회사는 다음해 맥주가 더 나아지게 만들지 않으면 안 된다'고 말하고 있다."

Q 경기가 나빠지면 유니크로 매장에 사람들이 더 몰린다. 불황에 강한 기업이라는 생각이다.

A "그렇지 않다. 우리는 고객에게 가장 메리트가 있는 점포를 만들고 있을 뿐이다. 유니크로 제품이 불황이라고 더 잘 팔리는 것은 아니다. 흔히 가격이 싸기 때문에 팔린다고 생각하기 쉽지만 틀린 분석이다. 우리보다 더 싸도 팔리지 않는 제품이 많다. 고객에게 '가치'를 제공하지 않으면 성장할 수 없다. '구입하길 잘 했다'는 생각을 고객이 가질 수 있게 해야 한다."

Q 소비 동향과 경기에 대해 신경 쓰지 않는다는 얘기인가.

A "앞으로도 가격이 더 떨어질 가능성이 높다. 당분간 경기 회복은 어렵

다고 보고 있다. 경기와 관계 없이 장사할 수 있다고 생각하진 않는다. 하지만 경기가 회복돼도 팔리지 않을 물건은 팔리지 않는다. 경기와 날씨는 어찌할 방도가 없다. 경기가 나쁘다고 팔기 어렵다고 말하는 것은, 다시 말해 경영자는 필요 없다는 말과 같다."

Q 기업은 방치하면 대기업병에 걸린다는 지적이 있다.
A "조직이 커지고 사람 수가 늘어나면 모든 사람은 자신에게 책임이 없다고 생각한다. 자신이 일을 하지 않아도 조직이 일을 해줄 것이라고 생각한다. 그러나 조직은 일을 하지 않는다. 조직의 구성원이 자영업자가 되지 않으면 안 된다. 유니크로도 대기업병에 걸리고 있다. 따라서 현상을 부정하면 성장할 수 없다."

Q 사원의 의식을 개혁하는 것은 쉬운 일이 아니지 않나.
A "물론 어려운 일이다. 그렇지만 해야 한다. 세계에서 성장하고 있는 회사는 모두 그렇게 하고 있다. 한 사람 한 사람씩 끊임없이 설득해 나가야 한다."

Q 해외 사업 전개가 어렵지 않나. 런던에서 실패한 경험도 있는데.
A "어렵다 해도 지금이야말로 할 필요가 있다. 누가 봐도 일본시장은 더이상 성장하기 어렵다."

Q 앞으로 계획은.

A "후계 경영자를 키우지 않으면 안 된다. 5년 정도는 걸릴 것으로 본다. 가능하다면 후계자에게 넘겨주고 회장직에 전념하고 싶다."

Q 경영자의 외부 영입 방안도 있지 않나.

A "좋지 않은 방식이다. 내부에서 키우는 게 좋다."

제2부

한일 대역전의 시대가 왔다

6장
일본기업이
강한 이유

기초체력이 강한 일본기업

　일본경제에 관심을 가진 지 20여 년이 지났다. 2000년대 초반부터 두 차례 일본에 근무했고, 국내에 복귀해 5년이 흘렀다. 우리나라나 일본이나 글로벌 경기침체로 어려움을 겪고있기는 마찬가지다.
　그렇지만 제조업의 핵심인 소재나 부품 산업에선 아직 일본이 한참 앞서가고 있다. 삼성, 포스코 등 주요 대기업들의 경쟁력이 많이 높아진 것은 사실이지만 한국은 매년 수백억 달러의 대일 무역적자를 낼 정도로 제조업에선 일본에 뒤처져있다.
　일본경제는 왜 한국을 앞섰고, 지금도 앞서고 있을까. 항상 고민하고 관심을 갖는 분야다. 10여 년 이상 일본을 오가며 취재기간 중 가장 기억에 남는 현장은 중부 지방인 사카이시의 '칼 장인'이었다.
　35도가 넘는 한여름의 폭염 속에 60대 후반 아버지와 40대 초반 아들이 땀을 뻘뻘 흘리면서 벌겋게 단 쇠를 두드려 칼을 만드는 작업 장면은 지금도 잊히지가 않는다.

이들 부자에게 돈도 많이 벌었는데 왜 힘든 일을 계속하느냐고 물었다. 아버지가 대답했다. "좋아하기 때문에" "내가 가장 자신 있게 할 수 있는 일이라서."

아들 답변도 비슷했다. "가업을 잇고 싶기 때문에 배우고 있다."

일본인들의 장점 중 하나로 기록을 잘하는 일을 꼽는다. 작은 일 하나부터 대를 이어 기록하고 이를 통해 지식이 전수되고 기술이 쌓여가는 일본사회의 전통이야말로 국가 경쟁력의 밑거름이다. 자기가 맡은 일에 최선을 다하고 만족하는 시민, 작은 기술과 상품 하나하나에 혼을 불어넣어 '세계 최고'를 지향하는 중소기업가들이 일본경제의 든든한 버팀목이다.

1868년 메이지유신을 통해 아시아국가 중 최초로 문호를 개방해 강국에 오른 뒤 140여 년간 한국을 앞서가는 일본경제의 저력은 기초가 튼튼하기 때문이 아닐까. 외형보다 내실을 중시하고, '대박' 보다는 '작은 성과'에 의미를 두는 일본인들의 근면성은 경제위기 속에서도 일본을 단단히 지켜주는 요소다.

전통을 살려가는 일본인

우리나라 동해 건너편 일본 중부지방에 이시카와현이 있다. 2000년대 후반 8개 지자체가 통합해 출범한 이시카와현 하쿠산 시는 산 좋고 물이

맑아 예로부터 니혼슈(청주)로 유명한 고장이다.

하쿠산(2702m)은 후지산과 함께 일본인들이 가장 찾아보고 싶어 하는 정신적 성지이기도 하다. 스키장 골프장 온천 등도 많아 최근에는 국내뿐 아니라 한국 중국 등 외국인 관광객들의 발걸음도 늘고 있다.

이곳에 문을 연 '도부로쿠(일본식 막걸리)' 특구를 취재한 적이 있다. "하쿠산에서 흘러나오는 맑은 물로 전통의 맛을 살리기 위해 특구신청을 했다." 막걸리를 만들고 있는 오쿠무라 에이지 씨는 지역을 찾는 관광객들에게 인정이 담긴 먹거리를 제공하기 위해 제조를 시작했으나 지역주민의 반응도 매우 좋다고 자랑했다.

민박이 생업이지만, 막걸리 덕분에 투숙객들이 두 배 이상 늘어났다고 한다. 오쿠무라 씨는 20여 년 전부터 부인과 함께 숙박업소인 '시시쿠소'를 운영해 왔다. 어릴 적부터 어른들이 막걸리 만드는 모습을 보면서 자라서인지 술에 대한 관심은 많았다. 하지만 술 제조는 엄두를 내지 못했다. 일본에선 양조업을 하려면 상당한 자본과 설비가 필요하고, 개인들이 술 만드는 것은 금지돼 있기 때문이다.

그는 정부의 특례조치를 통해 막걸리 제조가 가능해졌다는 소식을 접하고 하쿠산시에 특구신청을 한 뒤 3개월 만에 인가를 받았다. 일본정부는 지역경제 활성화를 위해 10여 년 전 특구제도를 도입했다. 일본 전국에 설치된 특구는 영어마을, IT마을 등 1,000여 개를 넘는다. 막걸리 특구는 전국에 100여 개에 달한다.

숙박업, 식당 등 서비스업을 하면서 논밭을 경작하는 사람들은 막걸리 특구신청 자격이 있다. 오쿠무라 씨가 특구신청을 하자 하쿠산시는 인허가까지 모든 행정 수속을 대행해 주었고, 생산 설비를 무료로 지원했다.

오쿠무라 씨는 매달 두 차례 100리터 가량의 막걸리를 부인과 함께 만들고 있다. 막걸리 맛은 물과 쌀, 그리고 손맛에서 나온다는 게 오쿠무라 부부의 설명이다. 관광객이나 옛날 막걸리 맛을 잊지 못하는 지역 주민이 주요 고객이다.

하쿠산시의 츠카다 소이치 씨는 "관광객에게 얼마나 차별화된 문화 상품을 제공하느냐에 관광업의 경쟁력이 달려 있다"면서 "막걸리 특구가 우리 고장을 찾는 외지인에게 새로운 문화 상품으로 상당한 성과를 내고 있다"고 강조했다.

일본 지방에선 전통산업을 되살리려는 움직임이 확산되고 있다.

전통 '니혼슈'의 부활 전략

일본의 대표 술은 '니혼슈'다. 니혼슈 소비량은 1975년을 정점으로 감소세로 돌아서 2011년에 전성기의 40% 수준까지 떨어졌다. 한때 3,500개를 넘던 양조장은 1,500개로 줄었다. 양조업체들도 하나둘씩 사라지고 있다.

야마구치 현 이와쿠니 시에 있는 양조업체 아사슈조도 1984년 폐업 직전까지 갔다. 부친으로부터 회사를 물려받은 사쿠라이 히로시 사장(58)은

"매년 매출이 10%씩 줄어 사실상 도산 직전이었다"고 털어놨다.

아사슈조가 있는 지역은 전통적인 시골 동네다. 술 소비가 줄어들고 전국 브랜드까지 밀려와 경영난이 가중됐다. 부친은 양조를 그만두고 소매업에 전념하자는 의견까지 내놨다. 하지만 사쿠라이 사장은 "직원들의 생계가 달린데다 수 대째 이어온 가업을 끊기게 할 수 없다"는 신념에서 존속을 결단했다.

사쿠라이 사장이 생존을 위해 가장 먼저 한 일은 매년 매출의 10%를 신규 투자로 돌리는 것. 차별화된 상품만이 회사를 살리는 길이라는 판단에서였다. 당시 매출은 연 1억 엔(14억 원) 정도였다. 대중주는 포기하고 다이긴조(고급 니혼슈) 생산으로 방향을 틀었다. 지역 시장을 버리고 도쿄, 오사카 등 대도시를 뚫는 전략을 썼다.

사쿠라이 사장은 새로 개발한 '닷사이' 브랜드의 니혼슈를 들고 대도시에서 열리는 시음회에 적극 참가했고, 니혼슈 전문점 등을 공략해 이름을 알렸다. 판매 의욕이 높은 주류 판매점과 특약을 맺어 한정 공급하는 등 판매 방식도 차별화했다. 연초에 주문을 받아 그 양만큼만 생산·공급을 하자 찾는 사람들이 늘어났다. 최근 10년 사이에 생산량은 5배, 판매량은 4배 이상 증가했다.

이 회사는 2000년 이후 해외시장 개척에도 나섰다. 일식이 붐인 미국, 유럽 등의 일식집을 집중 공략해 해외 17개국에 수출하고 있다. 지금은 미슐랭 가이드북이 소개하는 유명 일식집에 보급될 정도로 인기몰이를 하고 있다. 사쿠라이 사장은 "술 시장에선 마니아를 잡는 게 성공의 지름길"이라고 말했다. 아사슈조의 부활 전략은 한국 중소기업에도 시사하는 바가 많다.

100년을 살아남는 기업의 비결

세계에서 일본만큼 장수 기업이 많은 나라도 드물다. 세계 3대 경제대국 일본을 지탱해 주는 버팀목은 다름 아닌 이들 장수 기업들이다.

경제주간지 〈이코노미스트〉는 '격동의 시대를 헤쳐 온 100년 기업' 특집기사를 통해 회사를 도약시킨 혁신 경영자의 존재, 시대변화에 맞춰 발전하는 핵심 기술, 지역과의 공존공영을 3대 장수 비결로 분석했다.

이 잡지는 창업 당시의 본업을 기본 축으로 하면서도 시장변화를 재빨리 읽고 적응해온 기업만이 치열한 글로벌 경쟁을 뚫고 살아남을 수 있었다고 결론지었다. 일본 장수 기업의 성공 배경을 소개한다.

창업자의 카리스마가 아무리 강해도 그의 철학이나 기업문화는 30년 이상 유지되기 어렵다. 100년 이상 생존한 대부분의 장수회사에는 '중흥의 할아버지'로 불리는 개혁적인 경영자가 존재했다. 전기전자 업계를 대표하는 도시바가 대표적인 사례다.

발명가 다나카 히사시게는 1875년 회사 설립 후 백열전구 등을 만들어 초석을 쌓았다. 하지만 수차례 경영위기를 벗어나 도시바를 세계적인 기업으로 성장시킨 것은 혁신적인 경영자들이었다.

이 회사는 제2차 세계대전 후 노조운동이 격화돼 도산위기를 맞았으나 제일생명보험 출신인 이시자카 타이조가 1949년부터 8년간 재임하면서 노사갈등을 원만히 해결하고, 경영을 정상화시켰다.

또 1964년 도쿄올림픽이 끝난 후 경기침체로 다시 경영난을 겪었을 때 영입된 이시카와지마 하리마중공업 회장 출신인 도코 토시오는 전국 현장을 돌며 말단 직원까지 질책·격려하는 등 관리의 중요성을 실천하며 회사를 한 단계 업그레이드시켰다.

1980년부터 7년간 사장을 맡았던 사바 쇼이치는 중전기 출신이면서도 반도체 산업의 중요성에 눈을 떠 거대한 투자를 단행, 반도체 산업의 기초를 만들었다. 이들 경영자가 있었기에 도시바는 주력 산업을 생활전기용품-중전기-백색가전-반도체 및 컴퓨터 등으로 바꾸면서 글로벌 기업으로 성장했다. 끊임없는 고유기술 개발도 장수기업의 공통점이다.

1874년 광산경영으로 출발한 미쓰이금속은 휴대전화기 등의 배전기판에 사용되는 구리박판에서 세계시장의 40%를 차지하는 업체다. 이 회사는 광산사업에서 쌓은 노하우를 살려 1949년 건전지 재료인 전해이산화망간 제조를 시작했다. 1967년 구리박판 사업에도 진출했다. 현재 도요타자동차의 하이브리드차 '프리우스'에 들어가는 니켈수소전지 재료도 생산하며 성장을 거듭하고 있다.

창업한 지역과의 공존공영도 장수기업의 또 다른 비결이다. 우베흥산은 1897년 야마구치현 우베시에서 설립됐다. 이 회사는 석탄 산업에서 출발한 뒤 화학, 시멘트, 기계 등으로 사업을 확장해 2012년 현재 150여 개의 계열사를 거느리고 있다. 직원 수는 1만 명을 넘는다. 대형 다이캐스팅(주물) 시장에선 30% 이상의 점유율을 차지한다.

우베흥산의 창업자인 와타나베 스케사쿠 씨는 '공존공영'을 기업이념으로 삼아 회사와 지역발전을 동시에 추구했다. 1953년 지역의료를 담당할 종합병원을 만든 데 이어 고속도로, 골프장 등 지역발전을 위한 대규모 투자를 감행했다. 그러나 1990년 이후 거품경제가 붕괴되고 불황이 장기화되면서 6,620억 엔에 달한 부채로 인해 창업 이후 최대 위기를 맞았다. 2002년에는 주가가 100엔까지 폭락하기도 했다. 지역주민들이 퇴직금까지 털어 회사 주식을 대량 매입하는 등 적극적인 지원한 덕분에 회사는 위기를 넘기고 정상화됐다.

장수기업 연구가인 고베대학의 가고노 타다오 교수는 "많은 기업들이 '이익'보다는 '영속'에 가치를 두고 있는데다 거래 기업이나 지역과 공존하려는 일본인들의 가치관이 장수기업들이 많이 존재할 수 있는 토양이 되고 있다"고 분석했다.

도쿄상공회의소에 따르면 2011년 현재 일본에는 창업 100년이 넘는 회사가 전국에 1만 5,207개에 달한다. 개인 자영업자까지 포함하면 5만 개를 넘는다. 이중 도쿄 1부 상장회사는 201개이며, 매출액 1조 엔을 넘는 기업은 33개로 집계됐다.

7장
세계 3위
일본경제의 버팀목

일본경제의 저력

 일본을 자주 찾는 우리나라 사람들 중에도 한국과 일본의 차이를 느끼지 못한다고 말하는 사람이 꽤 있다. 특히 도쿄 오사카 등 대도시만을 찾아본 사람들에게서 그런 경향이 강하다.
 사실 도쿄나 서울이나 겉만 보면 큰 차이가 없다. 한국경제가 급성장하면서 세계 수준으로 발전한 서울에는 없는 게 없다. 백화점만 해도 서울 강남의 유명 백화점들이 도쿄 백화점보다 훨씬 화려하게 잘 꾸며져 있다.
 그러나 지방이나 시골을 가보면 우리나라와 일본의 차이가 쉽게 드러난다. 필자도 몇 년 전 여름휴가를 이용해 고향을 찾은 적이 있다. 강원도 산골인 고향으로 가는 농촌이나 산촌 풍경은 10, 20년 전과 크게 달라지지 않았다. 아직도 지방 읍내에 들어가 보면 주민들의 생활이 곤궁하게 느껴질 때가 많다. 재래식 슬레이트 지붕으로 허름하게 지은 집들이 여기저기 즐비하다.

한국은 경제성장을 했지만 서울과 지방 간 격차가 너무 크다. 그래서 너나할 것 없이 서울로만 몰려드는지도 모르겠다. 이에 비해 일본 시골은 1인당 GDP 4만 달러 수준의 경제 선진국임을 실감하게 한다. 도쿄보다 삶의 윤택함이 느껴진다.

농촌을 둘러보면 집도 도쿄보다 훨씬 넓고 시골집답지 않게 깨끗하다. 지방도시는 사회 인프라나 문화 인프라에서 대도시와 큰 차이가 없다.

필자는 일본에서 자동차 없이 4년 이상 살았지만 전국 어디를 다녀도 크게 불편하지 않았다. 지도 한 장만 있으면 10여 가구가 살고 있는 산촌 마을도 대중교통을 이용해 편리하게 갈 수 있었다. 교통비가 다소 비싸지만 산간 벽지까지 도로망과 철도망이 거미줄처럼 연결돼 있다.

2000년대 초반 1년간 살았던 고베시도 문화 인프라가 참 잘 갖춰져 있다. 지역 곳곳에 시립도서관과 체육시설이 있어 외국인도 쉽게 이용할 수 있다. 35도가 넘는 한여름에 100평이 넘는 도서관에서 두세 명의 동네주민들과 함께 책을 보면서 시원하게 한여름을 보낸 기억이 난다.

도쿄에 근무할 당시 수도권의 야마나시현 야리가다케 지역에서 일본의 인프라에 대해 또 한 번 놀랐다. 이 지역 최고봉은 2,899m에 달한다. 이렇게 험한 산 바로 밑에 산사태를 막기 위해 입구부터 중턱까지의 계곡에 수십 계단의 물막이 콘크리트 방어벽을 쌓아 놓았다.

방어벽 한 층의 길이는 100m, 폭이 10m를 넘었다. 사람들이 거의 이용하지 않는 깊은 산중까지 엄청난 돈과 노력을 들여 산사태를 막는 시설을 해뒀다.

일본 지방에 다녀보면 고속도로나 국도의 경우 하루 종일 자동차가 서너 대밖에 안 다니는 도로를 발견하고 놀란다.

일본경제 버블기에 국회의원들이 지역 표를 얻으려고 무리하게 공공시설 투자를 한 결과다. 이런 과잉 인프라 투자가 오늘날의 재정위기를 낳은 것도 사실이다.

그렇지만 엄청난 인프라 시설은 일본의 저력이다. 일본이 장기침체에도 불구하고 세계 3위권의 경제대국 위상을 유지하고 있는 것은 사회 인프라 기반이 잘 갖춰져 있는 데도 배경이 있다.

우리나라 사람들은 보통 일본의 겉만 보고 평가하는 경우가 많다. 최근 일본경제의 침체를 '쇠락'으로 단정해 버리는 것도 그런 원인이 있다.

일본은 여전히 세계 3위의 경제대국이다. 1인당 국민소득은 4만 달러가 넘어 우리나라의 두 배 이상이다. 일본의 저력을 알고 인정해야 '일본'에 대해 현명하게 대처할 수 있다.

일본에 대한 감정적 접근은 한국인 입장에서 속은 시원할지 몰라도 국익에 도움이 되지 않는다. 일본의 내면을 제대로 보고 거기 맞는 대응책을 세워야 한다. 일본은 결코 '왜국(작은 나라)'이 아니다.

일본은 살아 있다

1999년 일본에 첫 출장을 갔다. 기자생활을 하면서 해외출장 기회가 많았지만 일본과는 사실 별로 인연이 없었다. 입사 10여 년 만에 처음으로 일본 땅을 밟았다. 일본과 맺어진 인연은 지금도 필자의 삶에 큰 영향을 미치고 있다.

많은 한국인들은 일본에 대해 오해를 하고 있다. 일본에 대해 잘 알고 있다는 '착각'이다. 그러나 막상 대화를 해보면 일본의 실체를 아는 사람들이 의외로 많지 않다.

중고등학교를 다니면서 학교에서 단편적으로 배웠거나 어른들로부터 들은 막연한 지식이 대부분이다.

지식인들 중에도 일본을 객관적으로 보지 못하는 사례가 많다. 일본이 한국을 식민지로 만든 나쁜 기억 때문에 일본을 편향적인 시각으로 보기 때문일 것이다.

일본에 대해 비판할 것은 해야 하지만 일본의 '실체'는 똑바로 알아야 한다. 그래야 우리 선조들이 저질렀던 뼈아픈 실패를 되풀이하지 않는다. 한일 양국의 발전적 미래를 위해서도 일본의 '실체'를 살피는 노력이 필요하다.

젊은이들 가운데도 일본을 제대로 알지 못해 오해를 하는 경우가 많다. 학교에서 일본의 실체에 대해 정확히 가르치지 못하고 있기 때문이다. 필자는 몇몇 대학에서 일본을 주제로 NIE뉴스를 활용한 교육 강좌를 수년째 진행하고 있다. 강의에 앞서 대학생들에게 항상 던지는 질문이 있다. 일본의 국토와 인구, 경제 수준에 대한 간단한 퀴즈다.

한국과 가장 가까운 곳에 위치한 나라이고, 누구나 잘 알고 있다는 일본에 대한 기초적인 질문에 대해 제대로 답변하는 학생은 10%가 채 안 된다. 대부분 학생들은 일본의 국토 면적이나 인구, 경제력이 한국과 비슷하다고 생각하고 있다.

일본 인구는 약 1억 2,700만으로 5,000여 만 명인 우리나라보다 2.5배 정도 많다. 국토면적은 약 39만㎢로 한국의 4배 수준이다.

일본의 1인당 국민소득은 2011년 기준으로 4만 1,000달러로 우리나라의 2배 정도다. 그리고 국가 경제력을 나타내는 국내총생산은 한국의 5배가 넘는 규모이다.

일본은 결코 작은 나라가 아니다. 우리가 역사책에서 배운 것처럼 일본은 '왜국倭國'이 아니다. 거대한 국토를 가진 중국이 명명한 '왜국'을 그대로 이해하면 곤란하다.

우리나라 사람 중에서 일본에 오래 체류한 사람일수록 일본의 저력을 무섭게 평가하는 경우가 많다.

일본은 1900년대 초반 중국을 포함해 아시아 대륙의 절반을 점령한 나라다. 제2차 세계대전 때는 미국과 전쟁을 벌여 결국 패망했다. 지금은 전자, 자동차 등 일부 산업분야에서 우리나라가 일본과 경쟁할 정도로 성장했지만 아직 총체적인 국력에선 양국 간 격차가 크다.

진정으로 일본과 경쟁할 수 있는 대등한 국가로 성장하려면 일본의 실체를 정확히 알고 대응해야 한다. 그래야 세계 강대국들의 틈에 끼어 살고 있는 우리나라의 갈 길이 보인다. 1990년대 후반 발생한 외환위기 때도 일본의 실체를 잘 몰라 낭패를 당한 적이 있다.

북한의 김정은 체제 출범 이후 한반도를 둘러싼 긴장이 다시 고조되고 있다. 한번쯤 주변 강대국을 주의 깊게 살펴봐야 할 때다. 국력의 기초는 '경제력'이다. 일본과 대등해지려면 경제성장이 필수적이다.

일본제조업, 왜 강할까

일본 사람들은 '모노즈쿠리'란 말을 참 좋아한다. 서점에 가보면 모노즈쿠리 관련 책만도 수백 종이 넘는다. '모노'는 물건이고, '즈쿠리'는 만들다는 뜻의 일본어다.

한자어나 한국말로는 간단히 '제조'라고 할 수 있다. 하지만 '제조'와는 의미가 조금 다르다. 물건을 만든다는 뜻뿐만 아니라 물건 속에 정신, 사랑, 혼 같은 것을 넣은 개념이기 때문이다.

일본은 세계 최고 경쟁력을 가진 공산품 제조국가다. 일본이 오늘날 제조업에서 세계시장을 석권하게 된 밑바닥에는 물건을 만들 때 혼을 불어넣는 '장인정신'이 있다.

만드는 사람들은 자부심과 긍지를 가지고 있다. 그래서 식당이든 가내수공업이든 대를 이어하는 사람들이 많다.

수많은 일본의 중소기업 현장에서 제조업 경쟁력의 근간을 발견할 수 있었다. 한국의 남쪽 해안과 마주 보이는 곳에 있는 이시카와현 마토시를 찾은 적이 있다.

마토시 외곽에는 '북마을 아사노'라는 전통마을이 있다. 세계 최대 북 생산 메이커인 주식회사 아사노 본사와 전시관, 연주장 등이 위치해 일본에선 '북의 고향'으로 불리는 곳이다.

아사노북 공장 마당에는 북을 만들기 위해 세계 각국에서 들여온 수십 미터짜리 원목이 즐비했다. 지름 3~4m짜리 큰 북을 만들려면 수령 수백 년 이상 된 원목이 필요하다.

아사노북은 2009년 창업 4백주년을 맞았다. 연간 8,000개 이상의 북을 생산해 일본시장에서 70%의 점유율을 차지하고 있다. 아사노 야스오 사장은 창업자의 18대 후손이다.

"전통에 현대적 미를 가미한 상품을 만들어 수요층을 넓혀가는 데 주력하고 있다." 직접 북을 제작하는 아사노 사장은 "좋은 소리와 함께 세련된 작품을 만들어 앞으로 4백 년 이상 지속되는 회사를 만들 것"이라고 밝혔다.

아사노북은 제작공정을 표준화했다. 디자인에도 힘을 기울여 2000년 이후 여러 차례 GD굿디자인상을 받았다. 일본 북의 해외보급을 위해 1980년부터 매년 뉴욕, 파리, 모스크바, 서울 등에서 연주회를 열고 있다. 이 사노북의 종업원은 50여 명이며, 연간 12억 엔(160억 원) 가량의 매출을 올리고 있다.

마토시 중심가에 자리잡은 빵가게인 주식회사 엔파치도 장수기업이다. 이 회사는 1737년 창업 이후 하루도 쉬지 않고 안코로(일본 전통과자)를 만들고 있다.

쌀로 만든 떡에 팥을 씌운 안코로의 맛은 300여 년간 변하지 않았다는 게 창업자 11대 손인 무라야마 사장의 자랑이다. 그의 아들도 대학을 졸업하고 매일 공장에 나와 떡을 만들고 있다.

무라야마 사장은 "지역주민과 시 정부의 지원 덕택에 생존이 가능했다"며 "주민들이 끊임없이 사랑을 해줬기 때문에 여러 차례 경영난을 이겨내고 전국적인 특산품이 됐다"고 설명했다.

세계적으로 유명한 회전스시 설비를 만드는 이시노제작소도 이시카와 현 마토시에 있다. 1959년에 창업한 이시노제작소는 1970년부터 컨베이어벨트를 이용한 회전스시 설비를 생산해 40여 년째 전국 1위의 시장 점유율을 지키고 있다.

이시노제작소는 끊임없는 기술개발로 경쟁사보다 한발 앞선 신제품을 개발, 시장을 리드해 가고 있다. 자동급차(녹차 공급기)부착 회전스시, 자동 김밥제조기, 자동 접시세척기 등 각종 자동화 주방기구를 생산해 기술력을 자랑한다.

창업 2세인 이시노 전무는 40여 년 동안 정상을 지킨 비결을 묻자 "고객의 요구를 제품개발에 반영하고 있으며, 위생과 디자인을 고려한 신제품으로 승부를 걸고 있다"고 말했다.

세계 최고를 향해 대를 이어 기술과 제품을 개선해 가는 일본 중소기업 현장에서 일본제조업의 저력을 발견했다.

중소기업이 강한 일본

일본기업 하면 흔히 도요타, 소니, 캐논 등 대기업을 떠올린다. 그러나 찬찬히 들여다보면 일본 제조업의 경쟁력은 중소기업에서 나온다.

특히 지방에 가보면 수백 년 이상 한 우물을 파온 무수한 향토기업을 만날 수 있다. 이들 향토기업은 공예품을 만드는 회사로부터 최첨단 항공기 부품을 만드는 회사까지 다양하다. 한 가지 공통점은 중소기업을 운영하는 사장이나 종업원들이 엄청난 자부심을 갖고 있다는 사실이다.

세계적으로 사용되는 공산품이나 제조장비의 핵심부품에는 '일본제'가 많다. 한국이 앞서간다고 자신하는 디지털 가전이나 IT 관련 제품을 만드는 장비는 대개 일본산이다. 우리나라의 수출이 늘수록 대일 무역적자가 증가하는 것도 이런 배경에서다.

일본 향토기업이 수백 년 이상 장수하는 비결 가운데 한 가지만을 꼽으라면 끊임없는 '기술개발'을 꼽을 수 있다. 기술개발과 독자적인 상품이야말로 중소기업이 대기업과 싸워 이길 수 있는 비책인 셈이다.

지방명문대학이 기술력의 원천

일본 최고 수준의 반도체 클린룸은 어디에 있을까. 정답은 센다이다. 수도 도쿄나 2위 오사카가 아닌 10위권 도시 센다이에 일본 최고 클린룸

시설이 있다.

센다이는 도쿄에서 동북쪽으로 300km 떨어진 곳에 위치해 있다. 보통 한국인들은 잘 모르지만 일본 내에선 살기 좋은 도시 중 하나로 꼽힌다. 2011년 3월 동일본대지진으로 우리나라에도 꽤 이름이 알려졌다.

일본 도호쿠 지방의 중심도시로 인구가 100만 명 정도다. 센다이에는 일본에서 이공계 명문으로 꼽히는 도호쿠대학이 있다. 도호쿠대학은 일본에서 3번째로 세워진 제국대학으로 2007년 개교 100주년을 맞았다.

최근 도호쿠대학이 유명해진 것은 전기공학과를 졸업한 다나카 고이치 씨가 2002년 노벨화학상을 수상했기 때문이다. 학사 출신으로 일반 회사의 평범한 연구원이었던 다나카 씨는 노벨화학상을 받은 뒤 세계적인 유명인이 됐다.

도호쿠대학은 재료공학, 화학 등이 특히 강하다. 재료공학 분야의 ISI 논문 인용 수에선 세계 연구기관 중 1위 자리를 지키고 있다. 이 대학은 산학협동에서도 앞서간다.

기업과 연계된 부설연구소를 운영해 곧바로 연구실적을 상품화하고 있다. 금속재료연구소, 전기통신연구소 등 이공계 5개 부설연구소는 기업들의 후원으로 설치됐다.

흔히 얘기하는 수준의 산학협동이 아니다. 실제로 기업 측 연구원들이 학교연구소로 들어와 대학 연구진과 함께 연구하면서 연구결과를 상품화하는 모습이 매우 인상적이었다.

도호쿠대학 실험실에서 출발해 중견기업으로 성공한 벤처회사만도 수십 개에 달한다. 산학협동으로 개발한 금속 플라스틱 Metal Plastic과 반도체 칩 기술은 세계 최고 수준이다.

일본은 국토가 그리 큰 나라는 아니다. 한국의 4배, 남북한 전체와 비교하면 2배 가량이다. 그러나 지방으로 가보면 일본이 큰 나라라는 점을 느끼게 된다. 특히 지방대학을 찾아보면 곳곳에 우수한 연구시설과 연구원들이 불철주야 연구에 매달려 있는 모습을 볼 수 있다.

대도시 거리를 배회하는 괴상한 차림의 일본 젊은이들도 많지만 전국 곳곳의 대학연구실에는 밤잠을 설쳐가면서 실험에 열중하는 젊은이들도 수두룩하다. 서울과 지방의 격차가 큰 한국과 달리 일본의 지방국립대학의 인적자원은 매우 우수하다.

전국 곳곳에 흩어져 있는 대학의 우수한 연구기관들이 제조대국 일본의 뿌리다. 기업과 대학이 긴밀히 연대하여 10년, 20년 뒤를 준비하는 일본의 과학자들이 있기 때문에 일본의 제조업 경쟁력이 쉽게 무너지지는 않을 것 같다.

재도약하는 '모노즈쿠리'

1990년대 일본경제는 '잃어버린 10년'을 경험했다. 2000년대 들어 경기침체를 극복한 것은 '모노즈쿠리'가 뒷받침됐기 때문이다. 특히 2002년부터 2007년까지(글로벌 금융위기 이전) 경기확대를 지속하는 동안 많은 기업들은 뼈를 깎는 비용 절감과 기술 개발에 나섰다.

하지만 기술개발 리스크가 증대되고 2000년대 후반 단카이세대(전후 베이비붐 세대)의 정년 퇴직이 늘면서 제조업 경쟁력의 기반이 되는 장인 기술 계승과 경영자원 확보 문제가 대두됐다.

일본정부는 이런 문제를 해결하기 위해 2005년부터 모노즈쿠리 강화 정책(중소기업 육성 정책)을 추진하고 있다.

일본경제산업성은 2005년 발표한 '신산업 창조전략'에서 일본제조업의 원천인 중소기업의 유지, 발전과 함께 서비스업을 발전시킨다는 이른바 '쌍발 엔진전략'을 추진했다.

쌍발 엔진전략의 한축을 이루는 제조업 경쟁력 강화를 위한 정책이 '모노즈쿠리 기반기술 고도화 정책'이다.

2006년부터 시행된 이 정책은 국가가 전략적으로 육성하려는 첨단 신산업 분야 등을 유지하는 중소기업군을 육성하여 국가 산업의 경쟁력을 높이기 위한 것이다.

모노즈쿠리 기반기술을 지탱하는 중소기업의 '연구개발'과 '인재육성'이 핵심 정책이다.

대·중·소기업 상생에 의한 전략적 기반기술 고도화 사업과 대·중·소기업 간 협력네트워크 구축지원 사업이 진행됐다.

인재육성은 2005년부터 2009년까지 산업계와 대학 등 고등교육기관이 연계돼 개발 설계나 생산 등 제조현장 전체를 조망할 수 있는 제조업 중핵 인재 육성을 목적으로 추진됐다.

전국에서 85개 프로젝트를 선정해 2년간 지원하고 자립화를 통해 지속적으로 운영 중이다. 실업계 5년제 교육기관인 고등전문학교의 교원 및 시설을 활용한 지역 제조현장의 인재 육성사업도 2006년부터 2009년까지 2년 단위로 지원했다. 제조현장의 자립화를 통한 자체 운영으로 2010년부터는 기술개발 사업에 집중하고 있다.

한일산업기술협력재단 일본비즈니스협력센터의 김도훈 박사는 "우리나라가 참고해야 할 사항은 일본정부가 국가 전략산업의 기반이 되고 파급 효과가 큰 20개의 '특정 모노즈쿠리 기반기술 고도화 지침'을 구체적으로 제시하고, 이들 기술의 연구개발과 인재육성에 집중한 정책을 추진하고 있다는 점"이라고 지적했다

일본 최고의 대학인 도쿄대학은 모노즈쿠리 인스트럭터 양성스쿨을 운영 중이다. 모노즈쿠리 고도화 정책 가운데 제조업 중핵인재 육성사업의 하나로 마련됐다.

과제 수행기간이던 2005년과 2006년은 정부지원을 받았으며 2007년부터 자립적으로 사업을 추진하고 있다.

이 사업은 일본이 전후 수직적으로 축적한 제조현장의 생산관리 노하우를 '개발-구매-생산-판매' 전 과정에 수평적으로 연결할 수 있는 통합형 관리기술의 지도자 육성을 목적으로 한다. 단카이세대의 베테랑 기술자(현역 기술자)를 활용해 현장 전체의 공정 개선을 지도할 수 있는 인스트럭터 양성을 목표로 하고 있다.

후지모토 다카히로 도쿄대학 교수는 "일본 모노즈쿠리 경쟁력의 원점

은 산업현장의 인력"이라고 강조했다. 그는 "모노즈쿠리 경쟁력 강화의 기본은 기술지식과 노하우를 차세대에 지속 이전하는 작업"이라며 "단카이세대 은퇴에 의한 세대 단절을 보호하는 모노즈쿠리 지식의 후대 계승작업이 중요하다"고 설명했다.

일본 지자체에서도 2008년부터 도쿄대학 모노즈쿠리 인스트럭터 양성 스쿨에 직원을 파견했다. 이어 2010년부터 군마현 등이 지역 중소기업 대상의 모노즈쿠리 인재양성 스쿨을 운영해 전국적으로 확산되고 있다. 일본의 제조업은 진화하고 있다.

8장
일본에서 배워야 할 것들

인내하는 일본인

2012년 들어 도요타자동차가 소리 없이 정상을 되찾아 가고 있다. 올 들어 눈에 띄게 실적이 좋아졌다. 불과 몇 달 전만 해도 곧 망할 것 같은 뉴스만 쏟아졌지만 새해 들어 압도적으로 좋은 뉴스들이 잇따르고 있다.

올 1월 일본 국내생산은 전년 동기 대비 26.3% 늘어난 29만 5,630대를 기록해 6개월째 증가했다. 수출은 6.2% 늘어난 13만 3,941대로 확대돼 6개월 연속 늘어났다.

일본을 대표하는 제조업체인 도요타자동차의 정상화는 일본인들의 끈기와 인내를 상징하는 사건이다. 지난해 3월 발생한 동일본대지진 직후 50% 이하로 떨어졌던 공장 가동률과 브랜드 신뢰도 추락의 난관을 딛고 재도약했기 때문이다.

대지진이 발생한 지 1년도 안 되어 도요타는 올해 세계 '넘버1' 탈환을 자신하고 있었다. 일본은 이제 쇠락의 길로 들어섰다고 전망한 일부 비판

론자들의 예상은 빗나갔다.

지난해 이후 일본에 관심 있는 기업인이나 일반인을 만나보면 '엔화 강세' 배경에 대한 질문을 많이 한다. 일본경제가 추락하고 있다는 얘기를 들었는데 왜 통화가치가 치솟고 있느냐는 것이다. 필자도 궁금하긴 마찬가지다.

2011년 3월 동일본대지진 직후 우리나라에선 일본경제가 이제 완전히 끝난 것 아니냐는 시각이 많았다. IT, 자동차 등 주요 산업에서 한국기업들이 승승장구하면서 일본제조업의 경쟁력 저하와 함께 일본경제의 쇠퇴를 점치는 전문가들도 꽤 있다. 한국경제가 드디어 일본경제를 추월할 수 있다는 자신감도 커졌다.

그런데 현실은 예상대로 움직이진 않고 있다. 일본이 사상 최악의 지진 피해를 겪고 있지만 엔화는 고공행진을 이어가고 있다. 이상한 현상이다.

올 들어 소폭 떨어져 2월 말 엔화와 원화의 매매기준율은 100엔 당 1,400원 선이다. 대지진 이후 원화가치는 엔화에 비해 20% 가량 떨어졌다. 필자가 일본에 근무했던 2005년 무렵 750엔 선과 비교하면 원화가치는 절반 수준으로 하락했다.

국가 간 환율에 대해선 여러 가지 해석이 가능하다. 하지만 한 나라의 '통화가치'는 궁극적으론 국력, 특히 '경제력'을 반영한다. 미국이 재정적자에 시달리고, 금융 불안이 고조돼도 달러화 가치가 떨어지지 않는 것은 세계 유일의 '슈퍼파워'인 미국의 글로벌 경제 영향력 때문이다.

한국기업과 한국경제가 일본을 많이 쫓아갔다고 해도 통화가치로 보면 꼭 그런 것만도 아니라는 설명이 가능할 것이다. 일본경제의 펀드멘탈(기초체력)이 그만큼 강하다는 게 동일본대지진 이후 여실히 증명되고 있는 셈이다.

더 놀라운 것은 사상 최고의 엔화 강세에도 불구하고 일본기업들의 수출이 크게 줄지 않고 있다는 점이다. 일본 제조업의 경우 세계 각국기업들이 쓰는 핵심부품이나 생산설비가 많아 통화가치가 올라가도 수요업체들은 수입을 할 수밖에 없는 상황이다. 부품 등 중소기업이 강한 일본 제조업체들의 경쟁력을 입증하고 있다.

일본기업들은 '엔고'를 활용해 해외기업들도 마구잡이로 사들이고 있다. 지난해 일본기업들이 매입한 아시아 기업만도 200여 개에 달한다.(니혼게이자이신문 보도)

일본정부는 1,000억 달러의 기금을 만들어 기업의 해외 M&A와 자원확보를 지원하기로 했다. 통화 강세를 해외시장 개척에 적극 활용하겠다는 전략이다.

2011년 하반기 이후 유럽 재정위기를 시작으로 글로벌 경기침체가 이어지고 있다. 해외 의존도가 높은 한국경제는 직격탄을 맞아 주가와 통화가치가 떨어지는 등 몸살을 앓고 있다. 이에 비해 일본은 기초 체력을 배경으로 세계에서 가장 안전하며 덜 위험한 국가라는 인식이 커지며 외국자본이 몰려오고 있다.

위기에 강한 '일본'을 다시 일깨워준다. 일본경제가 최악의 대지진 사태에도 큰 어려움 없이 안정을 되찾은 것은 '인내'하고 '공생'하려는 국민들의 의식에서도 찾을 수 있을 것 같다.

2만 1,000여 명이 사망(실종자 포함)한 대재난 속에서 일본인들은 크게 동요하지 않고 있다. 후쿠시마원전의 '방사능 유출' 불안이 이어지고 있지만 시위 등의 사회적 동요가 거의 없다. 예기치 못한 자연재해를 맞아 고통을 참고 순응하려는 일본의 보통 사람들이 일본경제 안정의 일등공신이다.

일본 사람들은 위기 때마다 일본의 전국시대를 통일로 이끈 오다 노부나가, 도요토미 히데요시, 도쿠가와 이에야스 3인을 떠올린다. 그중에서도 끝까지 인내하면서 통일 일본을 이끈 도쿠가와 이에야스를 가장 존경한다. 모진 고통을 이겨내고 인고의 세월을 거쳐 전국을 통일한 도쿠가와는 세 사람 중 인내심이 가장 강한 인물이었다.

세계경제는 한치 앞을 내다볼 수 없을 만큼 흔들리고 있다. 이웃나라 일본이 대지진의 위기를 벗어나고 있는 것을 보면서 다시 한번 '인내'의 '위대함'을 알게 됐다.

갈수록 경쟁이 치열해지는 글로벌 자본주의 경쟁에서 최후의 승자는 가장 인내하는 국가가 되지 않을까.

참을성이 강한 일본의 보통 사람들

지난해 3월 대지진 발생 다음날부터 일주일 동안 일본의 지진피해 현장을 취재한 적이 있다. 3월 17일 밤 10시 30분. '도호쿠간토대지진동일본대지진'의 최대 피해지인 센다이시에서 오전 7시 출발한 지 15시간 30분 만에 도쿄역에 도착했다. 그래도 운이 좋았다. 이날 오후부터 니가타-도쿄간 신칸센 운행이 재개돼 도쿄로 들어가는 시간을 줄일 수 있었다.

도쿄역 앞에서 기다리던 일본인 지인 두 명과 함께 저녁식사를 했다. 몇 년 전 도쿄 근무 당시 취재로 인연을 맺은 도요타자동차와 도쿄증권거래소 간부다. '사지死地'에서 돌아온 것을 축하한다며 그들이 계산을 했다. 지진피해 등을 화제로 자정이 넘도록 대화가 길어졌다.

교외에서 전차로 출근하는 두 사람은 전철운행 지연사태로 출퇴근 시간이 평소보다 2배 이상 걸리는 게 가장 큰 고통이라고 말했다. 도요타에 근무하는 유카와 히데오 부장(IR 담당)은 센다이에 사는 친척이 행방불명돼 생존을 확인할 수 없다며 잠시 눈물을 글썽였다.

대지진 발생 일주일이 지났으나 인명 및 재산피해는 눈덩이처럼 불어나고 있었다. 아직도 연기가 계속 피어오르는 후쿠시마원전도 언제, 어떻게 될지 모르는 불안한 상태였다. 원전사태가 악화되자 일본에서 자국민의 철수를 권고하는 나라들이 늘어날 정도였다.

지진에다 방사능물질 유출로 사태가 심각하지만 일본인들의 표정은 비교적 차분했다. 일본인 친구 두 명에게 후쿠시마원전사태에 어떻게 대처할 것이냐고 물었다. 정부가 조치를 취하고 있기 때문에 기다려볼 수밖에 다른 방법이 없지 않느냐는 답변이었다.

수천 명이 죽은 센다이 지역에서 벗어나는 도중 버스나 기차, 공항 대

합실에서 만난 피난민들도 비슷했다. 단전과 물류대란으로 연료, 식품이 부족했지만 서로 먹을 것을 나누고 아픈 사람들을 먼저 배려했다. 버스나 항공편이 2, 3시간씩 연착돼도 불평하는 사람을 찾아볼 수 없었다.

센다이에서 저녁과 아침을 거르고 시외버스를 타고 도쿄로 돌아오는 도중 가방 속에서 직접 만든 주먹밥을 기자에게 꺼내주던 시골 아주머니의 따뜻한 얼굴을 잊을 수 없을 것 같다.

대지진 발생 1년이 지났지만 지진피해 현장은 아직 복구되지 않고 있다. 앞으로도 20, 30년은 지나야 복구가 가능할 것이라는 전망이다. 일본은 어디로 가고 있는가.

일본의 미래는 농촌에 있다

2000년대 후반 일본 중부 가나가와현에서 1,000여 마리의 돼지를 키우는 미야지 유스케 사장을 취재했다. 당시 30대 초반이었던 미야지 사장은 농업으로 성공한 사업가다.

미야지 사장은 부친으로부터 양돈농가를 물려받은 뒤 2006년 주식회사를 세우고 '미야지 돼지' 브랜드를 만들어 '대박'을 터뜨렸다. 명품 돼지고기만을 취급한다는 소문이 퍼지면서 전국 각지에서 미야지 돼지를 사려는 주문이 쇄도하고 있다.

명문 게이오대를 졸업한 미야지 사장은 학생 때만 해도 냄새나고 지저

분한 축산농가를 이어받을 생각이 없었다. 하지만 졸업 후 샐러리맨 생활을 회의하게 되면서 고향을 그리워했다. 가업을 잇겠다는 생각에 축산 관련 책을 읽고, 학원에 다니면서 귀향준비를 했다.

축산업 생산자는 고생만 하고 중간 유통업자들이 이윤을 챙겨간다는 사실을 알게 됐다. 생산부터 판매까지 직접 해보기로 욕심을 냈다.

미야지 사장은 농·수·축산물 브랜드로 성공하려면 우선 맛이 있어야 하고, 생산지를 전국에 알리고, 제품명에 스토리를 담아내야 하며 판매채널을 확보해야 한다고 강조한다.

그는 소비자들에게 상품을 알리기 위해 월1회 바비큐 파티를 개최하고 있다. 회비 4,000엔(5만 6,000원)을 받고 고객들을 초청하는 행사다. 친구 등 950명을 대상으로 초청 메일을 보내는데 입소문이 나면서 파티 참석자는 평균 200명을 넘는다.

파티가 끝나면 현장에서 직접 돼지고기를 판매한다. 주식회사로 전환한 첫해인 2007년 매출 4,000만 엔 중 '미야지 돼지' 브랜드로 판매한 양은 약 600만 엔어치였다. 하지만 다음 해에는 매출 6,800만 엔 가운데 2,200만 엔이 브랜드육 상품이 차지했다.

요즘 일본에선 불황 속에 농업이 주목받고 있다. 소비자들 사이에 안심하고 먹을 수 있는 국산 농산물에 대한 수요가 급증하면서 농업 비즈니스 기회가 늘고 있으며, 유망한 취업대상으로도 인기를 끌고 있다. 브랜드 제품 판매, 농작물의 컴퓨터 관리, 외국으로의 수출 등 지금까지 생각지 못한 발상으로 고수익을 올리는 농업 경영자들도 급증하는 추세다.

해외로 고급 농수산물을 수출해 성공하는 사람들도 점차 늘고 있다. 북부 야마가타현에서 쌀농사를 짓는 사토 쇼이치 씨는 농협을 거치지 않고 호주로 직접 쌀을 수출해 결실을 맺고 있다. 지난해 수확한 쌀을 시험적으로 수출한 결과 현지 소비자들의 반응이 좋아 올해엔 대량 수출 계약을 체결했다.

기업들의 실적 악화로 일자리가 줄어들면서 농업은 고용창출 업종으로도 주목받고 있다. 일본 각지에선 농촌 취업설명회가 성황이다.

일본정부가 지역경제를 활성화하기 위해 규제완화 조치를 실시하면서 대규모 농업생산법인이 늘어나게 되었고 이들 회사에 신규 일자리가 늘고 있다. 전국의 신규 농업관련 취업자는 1990년 1만 5,000명 선에서 2000년대 후반 10만 명을 넘어섰다.

일본정부도 제도적으로 농업을 지원하고 있다. 2000년대 후반 시작된 '퍼스날 챌린지 팜' 제도가 대표적인 사례다. 제도개혁으로 농업생산법인 이외의 일반 법인들도 전국 어디서나 농지를 빌려 대규모의 영농이 가능해졌다. 이들 회사들은 사업을 확대하면서 도시의 젊은이들을 대거 채용하고 있다.

대기업들도 새로운 사업으로 농업 비즈니스에 열을 올리고 있다. 대형 식품업체인 '카고메'는 1997년부터 농업에 본격 진출, 각지에서 유기농 제품 등을 생산해 소비자들로부터 호평을 받고 있다. 지금까지 농업 부문에 총 145억 엔을 투자해 전국 8개소에 농원을 보유하고 있다. 고용인원도 850명에 달한다.

대형할인점 이토요카도는 농업생산법인을 별도로 설립하고 직영농장을 운영 중이다. 이밖에 큐피, 칼비, 기린맥주, H2O리테일링, 도큐스토아, 펄시스템, 오이식스, 와타미, 모스푸드서비스, 사이제리아, 몬테로자 등도 농업 비즈니스에 신규 진출했다.

전문가들은 다른 창업과 마찬가지로 농업 비즈니스도 착실한 준비가 필요하다고 지적한다. 도쿄대학 축산학부의 혼마 마사요시 교수는 "기술습득과 자금확보 등이 선행되어야 하며, 명확한 경영비전을 가지고 있어야 한다"며 "도시 샐러리맨의 경우 3~5년 정도 준비한 뒤 귀농하는 게 바람직하다"고 지적했다.

9장

한일 경제, 대역전의 시대가 왔다

일본경제의 지형도 달라진다

2011년 세 차례 일본을 방문했다. 지난해 하반기 일본 간사이오사카 인근 지역을 둘러보면서 변화하는 일본의 모습을 발견했다.

2년 만에 다시 찾은 오사카의 밤거리는 매우 밝았다. 동일본대지진 직후 방문했던 수도 도쿄와 달리 거리에 활기가 넘쳤다. 리모델링한 JR오사카역은 초현대식 쇼핑센터로 탈바꿈했다. 역사 인근의 백화점 및 대형건물들도 2013년 완공을 목표로 재개발 작업이 한창이었다.

경기침체에다 동일본대지진으로 일본경제가 어려움을 겪고 있다. 하지만 오사카 지역은 상대적으로 전국에서 가장 경기가 좋다는 평을 듣고 있다. 필자가 방문했던 시기에 지역 TV방송에선 오사카 지역 백화점들의 월 매출이 전년 동기 대비 플러스를 기록했다는 뉴스가 나왔다.

요즘 '간사이의 부활'을 얘기하는 일본 사람들이 많다. 실제로 2011년 3월 동일본대지진 발생 후 수도권 및 동북부에 있던 많은 주민들이 지진을 피해 간사이 지역으로 피난했다. 오사카, 고베 등의 호텔은 지금도 주말이나 휴가철엔 예약하기 어려울 정도다.

사무실 임대료도 덩달아 오르고 있다. 일본기업은 물론 외국계 기업들도 지진과 방사능 유출에서 상대적으로 안전한 오사카로 옮겨오면서 지역경기 활성화에 한몫을 하고 있다.

동일본대지진을 계기로 일본의 경제 중심이 동쪽에서 서쪽으로 옮겨가고 있다는 느낌이다. 오사카 등 간사이 지역이 일본경제의 부활을 이끌 것이란 얘기도 많다. 오사카 사람들은 16세기 이후 도쿄에 빼앗겼던 일본의 정치, 경제 주도권을 오사카가 다시 찾아올 것으로 기대하고 있다.

우리나라에 영호남 지역감정이 있는 것처럼 일본에도 동서 간 지역감정이 남아 있다. 도쿄를 중심으로 하는 동쪽 사람들은 상업자본 중심인 오사카 사람들을 은근히 깔보는 경향이 있다. 정치, 외교 중심지인 도쿄에 비해 장사꾼들이 많은 오사카 사람들을 시대에 뒤처진 '촌사람'으로 여기는 것 같다.

반대로 오사카 사람들은 도쿄 사람들을 인정머리 없고 이해타산적인 '도시 깍쟁이'로 본다. 아무래도 오사카 쪽에 한국 후손들이 많은 것 같다. 사람들의 성정도 한국인과 많이 닮았다.

잘 알려진 것처럼 일본 전국시대에 도요토미 히데요시를 누르고 전국을 통일한 장수는 도쿠가와 이에야스다. 일본역사에서 가장 유명한 3인의 장수인 오다 노부나가, 도요토미 히데요시, 도쿠가와 이에야스가 동시대에 질긴 인연으로 살았다는 것은 역사의 아이러니다.

세 사람 모두 캐릭터도 다르다. 일본 사람들은 그들의 성격과 스타일에 따라 3인 중 좋아하는 사람들이 갈리는 경향이 강하다.

그렇지만 이들 세 사람 가운데 가장 존경받는 사람은 도쿠가와 이에야스다. 그는 인내심이 강하고 냉철한 분석력을 가졌다. 기다릴 줄 아는 '승부근성'이 일본인들의 성향과 닮았기 때문일 것이다. 기질적으로 불같은 성격의 오다 노부나가는 '한국인'과 가장 비슷하다.

지략가인 도요토미는 당시만 해도 황무지였던 도쿄 지역으로 도쿠가와 이에야스를 보냈다. 실력자인 도쿠가와를 멀리 내보내 군사력도 견제하고, 국토개발도 맡긴 셈이다. 도요토미가 죽고 도쿠가와가 최후의 승자가 되면서 일본역사의 중심은 오사카에서 신흥도시인 도쿄로 옮겨가게 됐다.

도쿄는 바다를 메워 인공적으로 개발한 곳이다. 지진 등 자연재해에 약할 수밖에 없다. 향후 수년 안에 발생 가능성이 높은 대규모 지진에 대응하기 위해서도 수도권을 분산시켜야 한다는 주장들이 전문가들 사이에 급속히 늘어나고 있다. 도쿄에 과다하게 집중돼 있는 금융, 제조 등의 시설을 오사카 등지로 분산시켜야 한다는 것이다.

국가는 물론 사람도 흥하면 망할 때가 있다. 또 망했다가 다시 일어나는 것이 역사의 순리다. 일본의 중심이 동에서 서로 바뀌는 시기가 다가오는 듯하다.

오사카는 지리적으로도 도쿄보다 한국에 훨씬 가깝다. 비행기로 1시간 30분이면 간다. 다가오는 한일 FTA 시대를 맞아 도쿄보다 오사카 지역에 대한 관심을 높여야 할 때다.

필자가 방문했을 때 도요토미의 근거지인 오사카성이나 그가 즐겨 찾았던 아리마온천에도 한국 사람들이 많이 눈에 띄었다. 한국과 일본이 더 가까워지고 있다는 느낌이다.

정치도 세대교체 바람

노다 요시히코野田佳彦, 55세 민주당 대표가 2011년 8월 30일 제95대 일본총리에 올랐다. 노다 총리의 등장은 일본정치의 세대교체를 의미한다. 일부에서는 노다 총리가 당내 지지 기반이 약하고 '정치적' 무게감이 떨어진다는 점을 들어 단명총리가 될 것을 점치기도 하지만 필자는 그렇게 보지 않는다.

노다 총리는 장수할 것이며, 고이즈미 준이치로 총리를 능가하는 강력한 힘을 가진 '국가 지도자'가 될 것으로 예상한다.

노다 총리의 개인적 퍼스낼리티는 물론 일본의 시대적 상황이 강력한 '총리'를 원하고 있기 때문이다. 일본과 영토분쟁 등 여러 가지 정치, 외교적 현안을 갖고 있는 우리나라 입장에서 긴장해야 하는 이유다.

노다 신임 총리는 54세의 비교적 젊은 나이에 총리가 됐다. 그는 대를 이어 의원직을 세습하거나 나이가 많은 기존 정치인들과 달리 진솔한 인간적 매력을 가진 인물로 평가받고 있다. 노다 총리가 '귀족정치'보다는

'서민정치'를 시도하면서 장수총리가 될 가능성을 높게 보는 배경이다.

노다 총리의 인생역정도 이런 전망을 뒷받침한다. 노다 총리는 명문가 정치집안에서 순탄하게 자라 대학을 졸업하고 대를 이어 정치인이 되는 일본의 주류 정치인들과는 다른 삶을 살아왔다.

그는 가난한 서민집안에서 태어났다. 지방의회 의원을 거쳐 36세에 국회의원에 당선됐으나 두 번째 도전에선 105석차로 석패한 경험도 갖고 있다. 국회의원에 낙선한 뒤 4년간 실직 생활을 하면서 밑바닥 인생을 경험하기도 했다.

우리가 노다 총리를 눈여겨봐야 할 또 다른 이유도 있다. 그가 일본에서 정치인 사관학교로 불리는 '마쓰시타정경숙' 출신이기 때문이다. 마쓰시타정경숙 1기생인 노다 의원이 첫 총리가 됐다는 것은 매우 큰 의미를 시사한다.

잘 알려진 것처럼 마쓰시타정경숙은 일본에서 '경영의 신'으로 추앙받는 마쓰시타 고노스케가 세습의원들이 판치는 일본정치를 개혁하기 위해 만든 보수정인 양성기관이다. 따라서 노다 총리가 일본 개혁을 위해 강력한 드라이브를 걸게 분명하다.

필자는 도쿄특파원 시절 마쓰시타정경숙을 방문해 교정을 둘러보고 학교장을 인터뷰한 적이 있다. 마쓰시타정경숙 교정 곳곳에는 '일본 애국주의'를 심어주는 상징물들이 빼곡했다.

4년간 공부를 한 마쓰시타정경숙 졸업생이라면 '애국주의자'가 될 수밖에 없는 환경이 조성돼 있다. 일부에서 우려하는 것처럼 노다 총리가

'강력한 일본 건설'에 나설 개연성이 충분히 있다.

또 하나 주목해야 되는 것은 노다 총리가 '경제통'이란 점이다. 노다 총리는 총리로 선출되기 직전까지 간 나오토 정권에서 재무상을 역임했다. 그 이전엔 재무차관을 지내는 등 누구보다도 경제에 밝다. 그는 일본 재계와도 긴밀히 협조하고 있다. 노다 총리 임기 내에 정치권과 경제계가 힘을 합칠 가능성이 높다.

노다 총리는 흔히 '20년 장기 침체'로 불리는 일본경제의 부활에 앞장서고 있다. 노다 총리가 국민들의 저항에도 불구하고 취임 이후 '증세'를 통한 '재정 건전화'에 매달리고 있는 것도 이런 이유에서다. 국민들의 저항이 있다 해도 일본경제 회복을 위해 할일은 하겠다는 강력한 의지의 표현으로 볼 수 있다.

앞으로 다가올 10년은 글로벌 격변의 시대다. 글로벌 경제전망이 불투명한 가운데 이웃나라 일본에서 국민들의 지지를 받는 강력한 총리가 나타났다는 것은 눈여겨볼 필요가 있다. 과거 역사를 되돌아보면 '일본의 변화'는 곧바로 한반도에 '쓰나미'로 닥쳐왔다.

일본을 시작으로 2012년엔 미국, 중국, 러시아 등 이웃 강대국들의 지도자가 교체된다. 주요 강대국의 권력 교체기를 앞둔 중요한 시점이다.

한국의 지도자들은 지금 무엇을 하고 있는지, 또 무엇을 해야 할지를 심각하게 고민해야 한다. 우리에겐 시간이 많지 않다.

한국경제, 일본 추격의 기회를 잡다

 필자가 일본에 대해 관심을 갖기 시작한 지 20여 년이 흘렀다. 1988년 말 한국경제신문에 입사한 뒤, 두 번째 부서로 외신부로 발령을 받으면서 '일본'과 친해지게 됐다. 일본어학원도 다니고, 일본역사를 공부하는 계기가 됐다.

 당시 '일본경제'는 욱일승천의 기세로 초고속 질주를 하던 시기였다. 일본을 배우자는 목소리가 세계 각지에서 울려 퍼졌다. 자본주의 종주국으로 현대 일본을 만든 미국에서도 'Japan as number one(일본 최고)'이란 말이 유행했다.

 당연히 신문사 국제부에서 일하려면 일본어가 필요했고, 일본을 배워야 할 필요성이 커졌다. 돌이켜보면 일본의 전성기도 1990년대 초반부터 꺾였지만 1990년 후반까지도 일본의 위상은 대단했다.

 2002년 1년간 일본 서부지역인 오사카, 고베에서 연수를 하면서 현지에서 일본의 정치, 경제, 사회를 살펴볼 기회가 있었다. 또 2004년부터 3년 1개월가량 도쿄에서 특파원으로 근무하기도 했다. 일본의 최전성기인 1990년대 초부터 20년 동안 일본을 곁에서 지켜봤다.

 2011년에도 일본과의 인연은 이어졌다. 1,000여 년 만의 대지진 발생 직후 센다이 등 지진피해 현장에서 일주일간 취재를 했다. 일본의 강점뿐 아니라 약점도 두드러지게 드러난 시기였다. 일본인들은 지진으로 인한 직접적인 피해뿐 아니라 심리적으로도 큰 충격을 받고 있다.

일본은 지난 20여 년 동안 이어진 장기 경기침체에 이은 대지진으로 커다란 역사적 전환기를 맞고 있다. 엄청난 자연지해로 일본이 피해를 보고 있는 반면 우리나라에는 새로운 기회가 되고 있다. 근대화에 뒤진 한국이 일본을 따라잡을 수도 있기 때문이다.

역사적으로 우리나라는 고려 말기부터 일본에 뒤지기 시작한 것으로 보는 전문가들이 많다. 이제 1,000여 년 만에 한일 간 새로운 시대가 시작됐다는 게 개인적인 판단이다. 한국은 국운 상승기를 맞았다. 우리가 하기에 따라 일본을 빠른 시일 내 추격할 수 있다는 생각이다.

일본의 지진전문가들은 2011년 동일본대지진이 서기 869년(헤이안시대) '조간지진' 이후 1,150여 년 만에 발생한 최악의 지진으로 분석했다. 당시와 마찬가지로 향후 30년 안에 또 다른 초대형 지진의 발생 가능성이 70% 이상이란 전망을 내놓는 전문가들도 많다.(교토대 후지이 사토시 교수)

일본은 대지진 이후 경제적 피해는 물론 대외 신임도 저하 등 여러 분야에서 타격을 입고 있다. 잇따른 대지진으로 체념에 빠진 국민들도 많은 듯하다. 이웃나라 일본이 빨리 위기에서 벗어나기를 바라는 마음 간절하다. 하지만 역으로 한국엔 큰 기회라고 할 수 있다.

이미 많은 세계적인 글로벌 기업들이 일본 도쿄에서 서울로 아시아 지역본부를 옮기려는 움직임을 보이고 있다. 일본의 피해복구 과정에서 필요한 산업용 제품을 한국에서 수입해 가는 일본 업체들도 많다. 한국에 현지 생산 공장을 짓는 일본 제조업체들도 늘고 있다.

가뜩이나 장기침체로 경쟁력을 잃어가는 일본기업에 비해 한국기업들의 경쟁력은 높아지고 있다. 글로벌화 된 '한국인'에 대한 세계인들의 평가도 높아지고 있는 시점이다.

중세 이후 항상 일본에 밀렸던 한국이 1,000년 만에 대역전의 기회를 잡았다면 과언일까.

상당수 일본인들의 뿌리를 거슬러 올라가면 한반도에서 건너갔다는 증거도 많다. 근대화 과정에서 뒤처졌던 한국이 일본을 다시 따라잡을 수 있는 시기가 눈앞에 다가왔다. 일본과 대등한 관계에서 경쟁할 수 있는 환경이 조성되고 있다.

10장
한일 경제공동체 가능할까

한국과 일본, 어디로 가야하나

한국과 일본은 세계에서 지리적으로 가장 인접한 국가다. 자유민주주의를 지향하는 정치체제와 시장경제를 추구하는 경제체제도 비슷하다. 경제 수준도 격차가 크지 않아 경제공동체를 만들기에 유리한 점이 많다. 다만 식민지시대 등을 거치면서 쌓인 양국 간 역사적 앙금이 경제공동체 구성을 가로막는 요인이 되고 있다.

하지만 일본이나 한국 모두 경제공동체를 구성할 경우 현실적으론 이득이 훨씬 많다. 두 나라 모두 인접한 강대국인 중국과 미국 등에 비해 정치, 경제면에서 '파워'가 작아 상호 협력하는 것이 유리하다.

1990년대부터 양국 간 자유무역협정 논의가 시작됐으나 독도 영유권이나 역사교과서 문제 등으로 인해 좀처럼 성과를 내지 못하고 있다. 2011년 일본에서 자민당에 비해 상대적으로 한국에 우호적으로 평가받는 민주당 정권이 들어서면서 한일 FTA 협상재개 가능성이 높아졌다.

2011년 10월 첫 한일정상회담을 가진 노다 요시히코 총리는 한일 FTA와 관련, "양국 관계를 전략적으로 뒷받침하기 위해선 하루빨리 일한 EPA(한일 FTA를 가리킴) 협상을 재개하고 체결해야 한다"며 "그것은 양국 정부의 임무이자 중요한 과제"라고 적극적인 입장을 나타냈다.

2011년 3월11일 발생한 동일본대지진 이후 일본 산업계를 중심으로 한국과의 경제협력을 강화하는 움직임이 가속화하고 있다.

대지진 이후 한국과의 경제 부문에서 전략적 제휴 필요성이 커져 한일 FTA 협상의 기본 토양은 조성돼 있다. 한일 간 정치, 외교적 이해관계가 장애물로 남아 있다.

대지진 이후 일본의 변화

동일본대지진 이후 일본에서도 아시아 주변국가들과 경제협력을 강화해야 한다는 목소리가 커지고 있다. 상당수 기업들이 한국 및 동남아 등 해외에 생산기지를 건설하거나 자본을 직접 투자하고 있다. 한일 FTA 협상재개 가능성이 그만큼 높아졌다.

일본 정치권에서도 한일 FTA에 대한 관심이 높아지고 있다. 사실 노다 총리는 다자간 자유무역협정인 미국 주도의 환태평양경제동반자협정TPP 체결을 서두르고 있다. 하지만 자국 농민들이 강력하게 반발하는데다 여당인 민주당 내에서 반대가 워낙 심해 협상타결까지 난관이 많다. 따라서 정부 내에서도 FTA 선진국이자 비교적 큰 규모의 경제권인 한국과의 FTA를 성사시켜 일본의 닫힌 경제구조와 통상의 돌파구를 열어야 한다는 주장이 설득력을 얻고 있다.

일본 입장에선 전략적으로도 한국과의 FTA가 매우 중요하다. 중국은 아시아에서 군사, 경제적인 영향력을 갈수록 확대하는 상황이다.

일본은 미국과 함께 한국과 경제·외교적 유대를 강화해야 중국을 견제할 수 있다. 실제로 2012년 초에 만난 일본정부의 고위관계자는 "한국이 일본보다 중국과 먼저 FTA를 체결하는 상황에 대해 매우 우려하고 있다"고 밝혔다.

노다 총리의 국내 정치적 입지 강화를 위해서도 한국과의 FTA 협상재개라는 가시적인 외교 성과가 필요하다는 분석도 있다. 2011년 8월 출범 당시 60% 안팎이었던 내각 지지율은 40% 아래로 떨어진 상황이다.

하지만 한국에서도 여전히 한일 FTA에 대한 경계심이 높다. 일본에 비해 비교 열위에 있는 중소제조업체나 부품업체 등 중소기업은 물론 일부 업종의 대기업에서도 여전히 부정적인 주장을 펴고 있다. 일본과의 무역에서 매년 300억 달러 안팎의 무역적자를 보고 있기 때문이다.

이와 관련, 김성환 외교통상부 장관은 2011년 말 겐바 고이치로 일본 외상과의 회담 후 기자회견에서 "한일 무역적자는 여전히 큰 폭으로 유지되고 있으며, 일본에서 한국 업체에 대한 관세가 인하된다 해도 과연 한국 상품이 일본에서 잘 팔릴 것인가 등의 현실적 우려가 남아있다"며 "이런 문제를 종합적으로 고려할 때 아직은 FTA를 논의하기 위한 환경조성이 필요하다"고 밝혔다.

야권에서도 대일 무역역조, 기술역조 등의 현상이 너무 일방적인데다 일본이 농업이나 비관세 장벽에서 양보를 하지 않아 현재 상황에서 한일 FTA 추진이 어렵다는 입장이다.

결국 한일 FTA가 진전을 이루기 위해서는 일본정부가 나서서 비관세 장벽을 허물고 한국 상품의 수입 분위기를 만드는 등 한국을 설득하기 위한 환경정비를 해야 한다. 아직까지 일본도 적극적인 양보 자세를 보이지 않고 있다.

한국과 일본의 FTA 협상은 지난 2004년 11월 중단된 뒤 협상재개를 위해 2008년 6월부터는 과장급, 2009년 7월부터는 심의관급 실무협의가 있었지만 입장차를 좁히지 못했다.

일본의 진보적인 연구자 사이에선 '동아시아 안전공동체'를 구축하자는 주장도 나오고 있다. 강상중 현대한국연구센터장은 2011년 말 도쿄대에서 열린 '동아시아 안전공동체를 향해' 국제 심포지엄에서 "근대 국민국가가 탄생한 이후 안전은 줄곧 중요한 문제였고, 그 중심이 군사력이라는 건 부정할 수 없다"며 "동일본대지진을 계기로 안전의 개념을 바꾸고 동아시아 안전공동체를 구축할 필요가 있다"고 제안했다.

와다 하루키 도쿄대 명예교수는 "동아시아에는 재해가 너무 많다"며 "그런 점에서 원자력 발전의 안전성을 높이는 협력은 매우 중요하며, 동아시아 안전공동체 제안은 시의적절하다"고 환영했다.

한일 상생에 필요한 FTA

필자는 당초 우리나라가 미국보다 일본과 먼저 FTA를 체결할 것으로 예상했다. 보기 좋게 예상은 빗나갔다. 2012년 3월부터 한미 FTA는 공식 발효됐다. 전문가들의 예측을 벗어날 정도로 한국은 매우 빠른 속도로 미국과 협상을 체결하는 데 성공했다.

그러나 주변을 살펴보면 한국과 일본은 '하나의 시장'이 형성되고 있는 증거들이 많다. 하루 수십 편의 직항편이 양국을 오가며 수만 명의 사람들을 실어 나르고 있다. 서울 시내 남대문시장이 있는 명동에 나가보면 어깨가 부딪칠 정도로 많은 일본인들과 만난다.

일본에선 일본 방송사 드라마나 영화보다 한국산 작품의 시청률이 높은 사례도 많다. K팝 스타나 연예인들은 일본 전역을 다니면서 수만 명의 팬들을 몰고 다니며 인기를 끌고 있다.

한일 FTA의 성사 가능성이 높은 것은 소비시장이 하나로 묶이고 있기 때문이다. 생산, 제조업체들은 업종에 따라 FTA에 대해 찬반 입장을 보일 수 있겠지만 양국의 소비시장은 이젠 하나의 단일시장으로 통합되고 있는 게 분명하다.

한국과 일본은 지리적으로 세계에서 가장 가까운 나라다. 경제적 격차도 적고 역사나 문화적 전통도 비슷하다. 한국의 경제 수준도 이젠 많은 분야에서 일본과 대등한 경쟁 수준까지 올라섰다. 우리나라 사람들의 노동이나 기술 수준도 일본에 결코 뒤지지 않는다.

일본을 기술이나 부품을 수입하는 상대국으로만 보는 시대는 지나갔다. 개인의 인생의 좌표는 물론 기업들의 비즈니스에도 일본을 주요한 팩터(요소)로 고려하면 훨씬 좋은 선택지가 나오는 한일 경제공동체 시대가 눈앞에 다가왔다.

양국의 정치, 경제적 이해관계에 따라 FTA 협상기간이 다소 길어지고, 협정체결까지 진통이 있을 것이다. 하지만 한일 경제공동체는 10여 년 안에 탄생할 가능성이 높다고 본다. 글로벌 경제시대를 맞은 한일의 피할 수 없는 운명이다.

총선과 대통령 선거가 실시되는 2012년이 지나고 새로운 정권이 출범하는 2013년부터 협상이 가속화될 전망이다. 양국의 경제적 필요에 의해 한일 FTA 체결에 대한 압력이 커질 것으로 본다.

맺는 글

오늘의 일본, 내일의 한국

일본 제조업의 대표 주자인 도요타자동차는 5월 8일 2012회계연도 실적 전망을 발표했다. 올해 다시 영업이익 1조엔(약 14조원)을 달성할 것으로 자신했다. 다음날 소니도 올해 5년 만에 흑자 전환할 것이란 내용의 실적 전망을 내놨다.

일본 제조업의 저력이 여전하다는 방증이다. 책 머리말에서 필자가 예측한 대로 일본 경제가 앞으로 고성장 하긴 어렵지만 제조업만큼은 세계 최고 경쟁력을 유지할 것으로 본다. 뿌리산업이 강한 중소기업들이 많기 때문이다.

좀처럼 경제 재도약의 실마리를 찾지 못하는 한국기업과 한국경제에 시사하는 점이 적지 않다. 우리나라 입장에서 일본은 아직도 보고 배워야 할 점이 있는 나라라는 생각을 다시 하게 된다. 일본의 장기 침체에서도 우리가 참고할 사항이 많다.

2012년 5월 초 일본을 다녀왔다. 이번 방문 지역은 일본 서부 내륙 지방인 산다시였다. 산촌 여행은 10여 년 전부터 알고 지내는 동년배 일본인 친구 부부와 함께 했다. 이들 부부의 최대 관심은 노후생활 대비였다.

물론 필자도 마찬가지여서 공감하는 부분이 많았다.

마침 일본을 찾는 기간에 선진국 중 고령화에서 가장 앞서가는 일본의 현실을 보여주는 뉴스가 나왔다. 지난해 일본 인구는 사상 최대폭으로 감소했다. 저출산·고령화에다 동일본 대지진과 후쿠시마 원전 사고까지 겹쳤기 때문이다.

일본판 베이비붐 세대인 '단카이團塊 세대'가 고령화 대열에 진입하기 시작하면서 일본의 노년 인구 비중은 역대 최고인 23.3%로 높아졌다. 세계에서도 가장 높은 수준이다.

우리나라는 그동안 산업화에서 일본을 뒤쫓아 왔다. 이제는 고령화와 인구 감소 문제 등에서도 일본을 따라가고 있다. 오늘 일본사회가 처한 현실을 잘 분석해 보면 한국이 시행착오를 줄일 수 있는 열쇠를 찾을 수 있을 것이다.

중앙경제평론사
중앙생활사

Joongang Economy Publishing Co./Joongang Life Publishing Co.

중앙경제평론사는 오늘보다 나은 내일을 창조한다는 신념 아래 설립된 경제·경영서 전문 출판사로서 성공을 꿈꾸는 직장인, 경영인에게 전문지식과 자기계발의 지혜를 주는 책을 발간하고 있습니다.

일본기업 재발견

초판 1쇄 인쇄 | 2012년 7월 5일
초판 1쇄 발행 | 2012년 7월 10일

지은이 | 최인한(Inhan Choi)
펴낸이 | 최점옥(Jeomog Choi)
펴낸곳 | 중앙경제평론사(Joongang Economy Publishing Co.)

대　　표 | 김용주
책임편집 | 장서영
본문디자인 | 이여비

출력 | 현문자현　종이 | 타라유통　인쇄·제본 | 현문자현

잘못된 책은 바꾸어 드립니다.
가격은 표지 뒷면에 있습니다.

ISBN 978-89-6054-093-4(13320)

등록 | 1991년 4월 10일 제2-1153호
주소 | ㈜100-826 서울시 중구 다산로20길 5(신당4동 340-128) 중앙빌딩 4층
전화 | (02)2253-4463(代)　팩스 | (02)2253-7988
홈페이지 | www.japub.co.kr 이메일 | japub@naver.com | japub21@empas.com
♣ 중앙경제평론사는 중앙생활사·중앙에듀북스와 자매회사입니다.

Copyright ⓒ 2012 by 최인한
이 책은 중앙경제평론사가 저작권자와의 계약에 따라 발행한 것이므로 본사의 서면 허락 없이는
어떠한 형태나 수단으로도 이 책의 내용을 이용하지 못합니다.

▶ 홈페이지에서 구입하시면 많은 혜택이 있습니다.

※ 이 도서의 국립중앙도서관 출판시도서목록(CIP)은 e-CIP 홈페이지(www.nl.go.kr/cip.php)에서
　이용하실 수 있습니다.(CIP제어번호: CIP2012002699)